# 창의적 발상을 위한 아이디어 발전소
(개정판)

개정판

창의적 발상을 위한

# 아이디어 발전소

홍정표 지음

전북대학교출판문화원

## | 들어가는 말 |

세상은 끊임없이 변화하고 있습니다. 특히, 인터넷은 세상을 하나로 연결하는 기술로 자리 잡았으며, 스마트폰은 우리의 생활 방식을 완전히 바꾸어 놓았습니다. 이제 인공지능(AI)은 우리의 일상과 미래를 빠르게 변화시키며, 예측이 어려운 새로운 시대를 열어가고 있습니다.

이러한 인공지능 시대에서는 창의적 사고와 아이디어 발상 능력이 경쟁력을 갖추기 위한 필수 요소로 강조되고 있습니다. 창의성은 변화무쌍한 환경 속에서 적응력을 제공할 뿐만 아니라, 창조적 혁신을 통해 새로운 가치를 창출하는 능력을 의미합니다. 이는 기업의 성공은 물론, 개인적인 성장에도 중요한 역할을 합니다.

한 글로벌 기업의 회장은 "21세기 경영은 물건뿐만 아니라 마케팅, 디자인, 연구 개발(R&D)과 창의적 아이디어 등이 결합된 창조적 혁신이 필수적이다"라고 언급하며, 창의적 사고의 중요성을 강조했습니다. 이는 단순히 문제를 해결하는 것을 넘어, 참신한 아이디어로 새로운 가능성을 열어가는 것이 필요함을 보여줍니다.

현재 한국 경제는 일본과 중국 사이에서 다양한 도전에 직면해 있습니다. 이와 같은 상황에서 창의적 사고는 강력한 경쟁력을 제공하는 도구입니다. 독창적인 아이디어를 통해 새로운 가치를 창출하며, 이를 통해 우리의 삶은 더욱 풍요롭고 편리해집니다. 따라서 아이디어 발상 능력을 체계적으로 개발하고 활용하는 것이 무엇보다 중요합니다.

이 책은 인공지능 시대를 살아가는 데 필요한 창의적 사고와 아이디어 발상 능력을 개발할 수 있도록 도움을 주기 위해 작성되었습니다. 신제품 개발, 기존 제품의 재단장, 콘셉트 디자인, 마케팅 등 다양한 분야에서 활용할 수 있는 21가지 발상법과 사례를 담고 있습니다. 창의적 아이디어가 필요한 모든 이들에게 실질적인 가이드가 되기를 바랍니다.

# CONTENTS

## CHAPTER 02. 아이디어 발상 045

# CHAPTER 01.

# 창의적 사고

1. 창의적 사고
2. 창의성 정의
3. 창의성을 위한 기본자세
4. 창의성과 디자인

# 1. 창의적 사고

토플러(Toffler, 1970)는 "창조적 활동을 하는 분야뿐만 아니라 모든 분야에서 경쟁이 심해질수록 창의성이 더욱 주목받을 것이며, '아이디어'(지식)가 성공의 가장 중요한 척도가 될 것이다. 창의적 사고를 할 줄 아는 사람이 권력과 부와 권위를 차지하게 될 것이다."라고 갈했습니다. 또한 아브라함 매슬로우(Abraham Maslow, 1976)는 "문제는 누가 창의성에 관심을 가지는가이다. 이는 심리학자나 정신의학자만의 관심사가 아니다. 이제는 국가적, 국제적 정책 문제로까지 발전하고 있다."라고 강조했습니다.

황창규 전 KT 회장은 "세계 경제는 승자독식의 시대로 접어들고 있다. 1위에 오르고 이를 유지하는 핵심 열쇠는 바로 '창의적 제품'이며, 이를 위해 창의적 인재를 길러야 한다."라며 창의적 사고가 기업과 국가 경쟁력의 열쇠임을 역설했습니다.

최근 발표된 한국 어도비 시스템즈의 '창의성 배당 조사(The Creative Dividend Survey)'에 따르면, 창의적인 기업은 경쟁기업보다 높은 시장 점유율을 유지하며 업계를 선도할 가능성이 더 높다는 결과가 나타났습니다. 삼성과 애플 간의 특허 소송 사례에서도 알 수 있듯이, 창의적 아이디어 하나가 엄청난 부가가치를 창출할 수 있습니다. 이처럼 특허는 창조경제를 실현하는 핵심 가치 수단으로 자리 잡고 있습니다. 하지만 창의성과 독창성이 결여된 특허는 학문적 가치뿐만 아니라 시장에서도 외면받기 쉽습니다.

ICT 패러다임 변화가 빠르게 진행되는 상황에서, 몇 년 후를 예상하며 등록된 특허조차 무용지물이 되기도 합니다. 창의적 아이디어는 핵심 기술 및 이론과 결합하여 시장과 연결될 준비가 필요합니다. (김흥남 ETRI 원장)

특히 4차 산업혁명 시대에는 과학기술의 발달로 빠른 정보 공유와 혁신이 디지털 시대의 특징으로 자리 잡았습니다. 엄청난 양의 정보가 쏟아지는 현대 사회에서 창의적 아이디어의 중요성은 아무리 강조해도 지나치지 않습니다. 4차 산업혁명의 주요 키워드로는 인공지능(AI), 로봇, 스마트카, 드론, 가상현실(VR), 사물인터넷(IoT), 클라우드, 빅데이터, 모바일 3D 프린팅 등이 있으며, 이러한 기술은 디자인이나 개발 분야에서 인간의 작업을 대체할 가능성을 열어주고 있습니다.

그렇다면 디자인이나 개발 분야에 종사하는 사람들은 이에 어떻게 대처해야 할까요? 답은 창의적 사고에 있습니다. 창의적 사고는 제품의 가치를 높이고 경쟁력을 강화하며, 새로운 시장 기회를 창출하는 발판을 마련해 줍니다. 창의적 아이디어는 경제적 이익을 창출하고 우리의 생활을 더욱 편리하게 만드는 결과물을 제공합니다.

제품을 개발하거나 디자인할 때 중요한 요소로는 심미성, 시장성, 독특성, 신규성, 차별성 등이 있습니다. 이러한 요소들은 창의성을 바탕으로 이루어지며, 창의성을 통해 아이디어 발상 능력을 기르고 제품 개발과 디자인 과정을 체계화하는 것이 가능합니다. 따라서 창의적 아이디어 발상은 디자인의 핵심이라 할 수 있습니다.

특히 창업이 중요한 산업 활동으로 자리 잡은 오늘날, 창의적 사고와 아이디어 발상 능력은 필수적이며 핵심적인 요소로 강조됩니다.

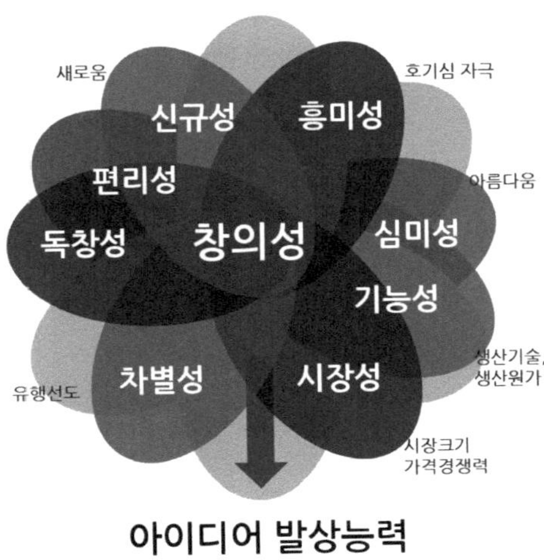


| Creativity is allowing yourself to make mistakes. Art is knowing which ones to keep.

# 2. 창의성 정의

## 1) 창의성이란 무엇인가?

알베르트 아인슈타인은 "창의력은 감염되는 것이다. 전달되도록 하자. 창작(상상)은 새로운 것을 낳는 것이다"라고 말했습니다. 그의 이 말은 창의력이 단지 개인의 문제를 넘어서, 다른 사람들에게 긍정적이고 강력한 영향을 미칠 수 있는 힘임을 강조하고 있습니다.

극작가 조지 버나드 쇼 또한 "상상은 창조의 시작이다"라고 언급하며, 상상이 창조적 과정의 첫걸음임을 상기시켰습니다. 그는 소원하는 것을 상상하고, 그 상상을 구체화하며 실현함으로써 상상이 결국 창조로 이어진다고 설명했습니다.

| 좌: 조지 버나드 쇼(George Bernard Shaw), 우: 아인슈타인(Albert Einstein)

창의성은 개개인이 축적한 지식, 정보, 기술, 경험을 어떻게 적용하고 활용하느냐에 따라 달라질 수 있습니다. 창의성은 정서적인 경향이 강하며, 동기부여와 깊은 연관이 있습니다. 즉, 마음속 에너지가 충만할 때 창작 활동이 더욱 활발해진다는 것입니다. 창의적 아이디어는 어느 날 갑자기 떠오르는 것이 아니라, 꾸준한 자기성찰과 훈련, 노력, 그리고 감성적 사고에서 비롯됩니다.

무한경쟁 시대에 접어들면서 창의성의 중요성이 점점 강조되고 있지만, 여전히 우리의 일상에서는 창의성과 별개로 살아가는 것처럼 보입니다. 사람들은 창의성을 선천적으로 탁월한 재능을 가진 사람들만의 특성으로 여기거나, 남다른 행동을 보이는 이들의 특징으로 생각하는 경향이 있습니다. 그러나 창의성은 그렇게 특별하거나 유별난 것이 아닙니다. 창의성은 누구에게나 잠재된 능력으로, 뚜렷한 목표의식과 열정만 있다면 언제 어디서든 발휘할 수 있는 인간 고유의 특성입니다.

혁신적인 아이디어를 떠올리지 못했다고 해서 자신의 분야에서 지식이 부족하거나 열심히 일하지 않았다는 뜻은 아닙니다. 물론 창의적인 결과를 내기 위해 풍부한 지식과 열정은 필요하지만, 이것은 필요조건일 뿐 충분조건은 아닙니다. 실제로 혁신적 문제 해결의 결과는 종종 간단한 아이디어에서 비롯되며, 창의성이란 '미처 생각하지 못한 것을 생각하는 것'이라고 정의할 수 있습니다.

새로운 아이디어를 창출하는 사고의 재료는 80%가 최근 1년 이내의 지식에서 나오고, 20%는 과거의 지식에서 비롯된다고 합니다. 또한 환경이 사고에 미치는 영향은 약 80%에 달하며, 전문 분야는 20%의 영향을 준다고 합니다. 따라서 환경에 변화를 주는 것이 새로운 아이디어를 떠올릴 가능성을 높이는 중요한 이유입니다. 환경의 변화는 과거 경험을 끌어내는 방아쇠 역할을 하며, 창의적 사고를 촉진합니다.

인간이 다른 동물과 구별되는 가장 큰 특징 중 하나는 상상력입니다. 사람들은 특히 관심이 있고 좋아하는 분야에서 더 쉽게 창의성을 발휘할 수 있습니다. 개인마다 창의성의 정도는 다소 차이가 날 수 있지만, 이러한 작은 차이는 시간이 지남에 따라 커다란 결과의 차이를 만들 수 있습니다.

길포드(Guilford)는 '지능구조 모델'을 통해 창의성의 한 부분인 발산적 사고(확산적 사고)

를 창의성의 핵심 사고 유형으로 보고, 창의성을 "새롭고 신기한 것을 창출하는 힘"으로 정의했습니다. 예를 들어, 제한된 시간 내에 가능한 많은 아이디어를 나열하고, 그 아이디어가 많고 다양하며 독특할수록 창의적이라고 평가할 수 있습니다.

테일러(D.W. Taylor, 1998)는 창의성을 "특정한 목적을 가진 집단에 의해 지속적이고 유용하며 만족스러운 것으로 받아들여지는 새로운 작품을 만들어내는 과정"으로 정의하며, 창의성은 체계적으로 분류될 수 있다고 보았습니다.

로저스(Rogers, 1962)는 창의성을 "새로운 결과를 초래하는 행동의 출현"으로 정의하며, 이는 개인의 특성과 그를 둘러싼 사건, 사람, 자료, 생활사의 다양한 상황에서 생성되는 과정이라고 설명했습니다. 또한, 토렌스(Torrance, 1977)는 창의성을 "문제를 인식하고 이를 해결하기 위해 아이디어를 내고, 가설을 세우고 검증하며, 그 결과를 전달하는 과정"으로 정의했습니다. 그는 이를 독특한 비유로 표현하며 "창의성이란 더 깊게 파고, 두 번 보고, 실수를 감수하고, 고양이에게 말을 걸어보고, 깊은 물속에 들어가고, 잠긴 문 밖으로 나오고, 태양에 플러그를 꽂는 것"이라고 말했습니다.

아마빌레(Amabile, 1989)는 창의적인 행동이나 산출물이 가져야 할 공통적인 특징으로 신기함(novelty)과 적절함(appropriateness)을 제시했습니다. 창의적인 것은 단순히 새롭고 독특하기만 한 것이 아니라, 내용이나 효과 면에서 유용하고 현실적으로 적합해야 한다는 뜻입니다.

창의성은 천재와 같은 특별한 소수만의 전유물이 아닙니다. 창의적인 사람들은 그렇지 않은 사람들보다 전문 지식을 풍부하게 보유하며, 자신이 하는 일에 열정적으로 헌신하는 경향이 있습니다(Weisberg, 1995). 또한, 창의성은 다른 문화, 민족, 종교를 폭넓게 수용하고, 융통성 있는 신념을 가지는 태도를 통해 강화될 수 있습니다(Barron).

창의성은 인간만이 가진 신비롭고 특별한 능력으로, 문제를 해결하거나 새로운 것을 창조하는 사고 과정의 핵심입니다. 이는 누구나 가지고 있는 기본적인 능력과 잠재력으로, 뚜렷한 목표 의식과 열정만 있다면 언제 어디서든 발휘될 수 있습니다(최인수, 성균관대학교 교수).

제라드 퓨쇼(버팔로대 창의학과 교수)는 창의성을 상상력에 기반하여 문제를 해결하고 변화를 이끄는 과정으로 정의하며, 새로운 아이디어를 만들어 내는 능력이라고 설명했습니다. 린다 나단(보스턴예술학교 교장)은 창의성을 "옛 문제에 대해 새로운 해결책을, 새로운 문제에 대해 다양한 해결책을 생각하는 능력"으로 정의하며, 창의적 사고의 실질적 중요성을 강조했습니다.

이처럼 다양한 관점과 정의를 종합하면, 창의성은 "새롭고 독창적인 아이디어를 만들어 내는 힘"입니다. 창의성은 모방이나 재연이 아니라 유용하고 현실적으로 적합한 독창적 아이디어를 만들어가는 능력입니다. 나아가, 창의성은 누구에게나 잠재되어 있는 고유한 특성으로, 뚜렷한 목표와 열정을 통해 어디서든 발휘될 수 있습니다.

## 2) 예술적 창의성과 비즈니스 창의성

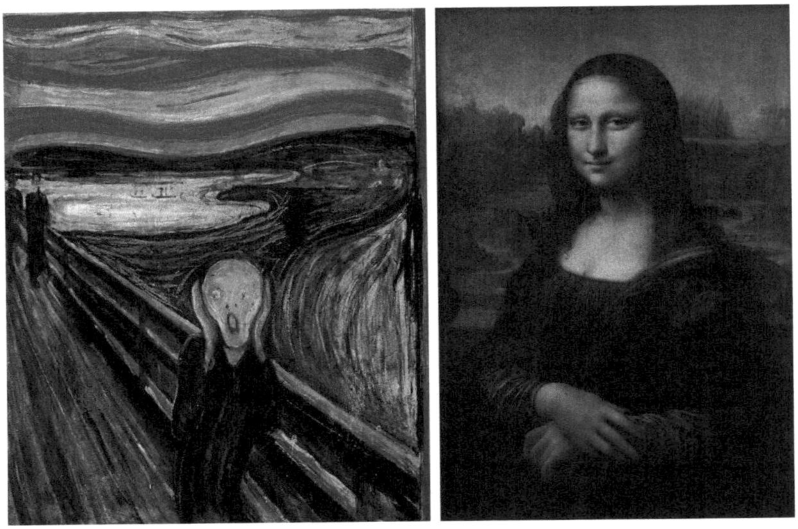

**| 예술적 창의성사례 1,2**

좌: Edvard Munk-"Scream" (출처: http://nedoow.tistory.com/12)

우: 레오나르도 다빈치(Leonardo da Vinci). Mona Lisa (출처: http://100.daum.net/multimedia/24_230_81896_172216.jpg)

리들은 그의 저서 비즈니스 창의성을 일깨우는 부와 성공의 수수께끼에서 "예술적 창의성과 비즈니스(고안적) 창의성은 다르다"라고 언급했습니다. 예술적 창의성은 음악을 비롯한 다양한 예술 분야에서 나타나며, 고유의 아름다움이나 존재 자체만으로 사람들의 주목을 받을 수 있는 능력입니다. 이러한 예술적 창조물은 독특하고 유일무이하지만, 특정한 문제를 해결하려는 목적을 가지지는 않습니다.

예를 들어, 레오나르도 다빈치의 모나리자는 단순히 감상의 대상으로 그 존재 가치가 충분하며, 어떤 문제를 해결할 필요도 없고, 해결할 수 있는 성격도 아닙니다.

반면, 비즈니스 창의성은 당면한 문제를 해결하기 위해 혁신적인 방법을 찾아내고, 우리의 생각을 시장에서 경쟁력 있는 아이디어로 통합하고 재조합하는 능력을 의미합니다. 비즈니스 창의성의 목표는 문제를 해결하거나 충족되지 않은 욕구와 욕망을 만족시키는 데 있습니다.

그러나 비즈니스 환경에서 새로운 아이디어를 도입하는 과정에서 지나치게 독창성(예술적 창의성)에만 치중하여 무조건 새롭거나 남다른 것을 우선시하면, 예술적 창의성에서는 성공할 수 있어도 비즈니스 창의성에서는 실패할 가능성이 높습니다. 따라서 비즈니스 창의성은 독창성과 실용성의 균형을 이루는 것이 중요합니다.

**| 비즈니스 창의성사례 1,2**

출처: https://www.google.com/search?q=steve+jobs+phone, http://store.earlyadopter.co.kr/shop/goods

### 3) 비즈니스 창의성의 조건

비즈니스 창의성은 우리의 모든 경험과 지식을 바탕으로 이루어지며, 몇몇 경영 천재들의 전유물이 아닙니다. 이는 기업에서 일하는 모든 사람에게 잠재된 사고 과정과 능력이 내재되어 있음을 의미합니다. 개인이 관심과 노력을 기울인다면, 창의적 아이디어는 단순히 우연에 의존하는 것이 아니라 논리적이고 인지적인 과정을 통해 도출될 수 있습니다.

이를 위해 디자이너는 다음과 같은 네 가지 역량을 갖추어야 합니다.

① 클라이언트와 소비자에 대한 이해

디자이너는 클라이언트나 소비자가 디자인을 쉽게 이해하고 받아들일 수 있도록 인지적인 아이디어를 도출해야 합니다.

② 이론적인 사고력과 판단력

시장분석, 사용자 심리, 재료, 생산기술, 가치 분석(VA) 등 이론적 사고와 판단력이 필요합니다.

③ 미래를 보는 안목

디자이너는 미래를 예측할 수 있는 안목과 논리적이며 체계적인 이론적 지식을 갖추어야 합니다.

④ 고정관념의 탈피와 문화적 다양성

디자이너는 고정관념에서 벗어나 문화적 다양성을 고려하며 새로운 문화를 창조할 수 있어야 합니다.

이 모든 역량은 비즈니스 창의성을 발휘하는 데 필수적입니다. 비즈니스 창의성은 곧 문제를 해결하고 혁신적인 아이디어를 창출하는 능력을 의미하며, 이러한 역량을 갖춘 사람은 진정한 비즈니스 창의성을 발휘할 수 있는 능력자로 평가받을 것입니다.

### 4) 비즈니스 창의적 디자인

레드오션 시장에서도 창의적인 제품으로 소비자의 사랑을 받는 기업은 다수 존재합니다. 특히, 경기침체가 장기화하고 경쟁이 심화하는 현실에서 창의성은 생존의 필수조건이라 할 수 있습니다. 세계 최초의 다이슨 날개 없는 선풍기와 먼지봉투 없는 진공청소기, 그리고 테슬라 모터스의 전기자동차는 고객의 기대를 뛰어넘는 창의성이 발현된 제품들로, 단숨에 시장의 변화를 주도한 훌륭한 사례입니다.

| 다이슨 먼지봉투 없는 청소기와 날개 없는 선풍기

| Tesla Motors의 전기자동차

# 3. 창의성을 위한 기본자세

## 1) 창의적인 사람의 사고방식

우리는 치열해지는 경쟁과 아이디어 자체가 상품이 되는 시대에 살고 있습니다. 개인과 기업뿐만 아니라 국가 역시 생존하기 위해 창의적 사고가 필수적입니다. 구글, 페이스북, 알리바바, 소프트뱅크, 네이버는 각자의 특화된 서비스를 통해 세계 또는 자국에서 최고의 기업으로 자리를 잡았습니다. 보령머드축제, 함평나비축제, 전주 한옥마을 등도 특화된 아이디어와 소재를 활용하여 성공한 사례로 꼽힙니다. 이 모든 성과는 창의적 사고를 하는 사람들에 의해 이루어졌습니다.

그렇다면 창의적 사고를 하는 사람들의 공통된 사고방식은 무엇일까요? 첫째, 창의적 사고를 하는 사람들은 문제해결을 위해 과거의 경험을 과감히 버리고, 문제의 개념을 새롭게 정의합니다. 그들은 고정된 시각에서 벗어나 다양한 각도로 접근하며, 항상 새로운 대안을 고민합니다.

영국의 제난 카짐(Kazim)이 개발한 거꾸로 펴고 접는 KAZBRELLA 우산은 역발상의 대표적인 사례입니다. 비 오는 날 접이식 우산으로 인해 발생하는 여러 불편함을 해결하기 위해 고안된 이 우산은 혁신적인 디자인으로 주목받고 있습니다. 일반적인 우산은 승용차에 타거나 내릴 때 빗물을 뒤집어쓰게 하거나, 좌석과 바닥을 젖게 만들어 곰팡이와 세균이 번식하기 쉬운 환경을 조성합니다. 또한, 건물 로비나 지하철 실내 역사(驛舍)의 바닥이 빗물로 젖으면 낙상 사고가 발생할 위험이 큽니다. 이를 방지하기 위해 비닐 커버 기계를 설치하기도 하지만, 이는 쓰레기 공해를 유발하는 문제를 동반합니다.

이러한 문제를 해결하기 위해 카짐은 이중(二重) 우산살 장치를 적용한 신개념 우산을 창안했습니다. KAZBRELLA는 젖은 겉면이 안으로 접히는 구조로 설계되어, 빗물이 밖으로 흐르지 않고 안쪽에 고이도록 만들어졌습니다. 이에 따라 사용자는 빗물로 인한 불편함을 최소화할 수 있습니다. 또한, 강풍에도 쉽게 뒤집히지 않으며, 만약 뒤집히더라도 간단히 복원할 수 있는 기능을 갖추고 있습니다.

KAZBRELLA는 단순히 불편 해소하는 것을 넘어, 일상에서 창의적 사고가 어떻게 혁신적인 제품으로 이어질 수 있는지를 보여주는 훌륭한 사례입니다.

출처: http://news.chosun.com/site/data/html_dir/2018/05/20/2018052002968.html
출처: https://kazbrella.com/pages/the-kazbrella

둘째, 과학 혁명을 이끈 갈릴레이는 당시 다른 학자들이 수학적, 언어적 접근에만 매달려 있을 때, 눈으로 볼 수 있는 그림, 도식, 지도 등 시각적 언어를 활용하여 기존의 수학적, 언어적 접근 방식을 통합적으로 보여주었습니다. 이는 과학적 사고와 표현 방식에 혁신을 가져온 중요한 사례로 평가받습니다.

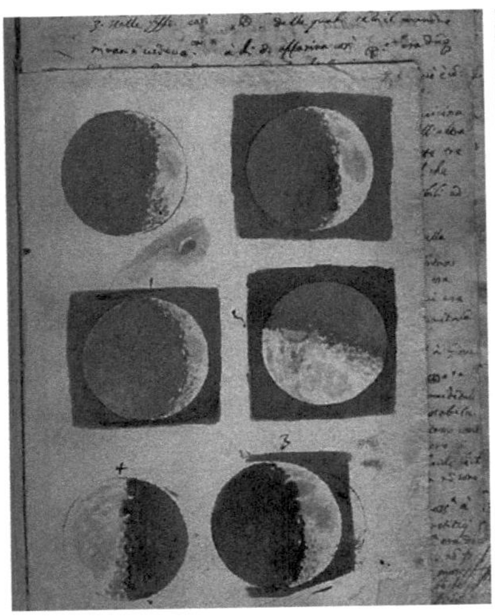

출처: http://100.daum.net/encyclopedia/view/b01g1073a

셋째, 창의적 사고를 하는 사람들은 끊임없는 노력과 연구를 통해 엄청난 다작을 이루어냈습니다. 예를 들어, 에디슨은 1,093건의 특허를 등록하며 발명가로서의 역량을 입증했고, 모차르트는 평생 600곡이 넘는 대작을 작곡했습니다. 바흐는 매주 한 곡씩 칸타타를 작곡했으며, 몸이 아플 때조차도 예외가 없었다고 전해집니다. 이들의 몰입과 노력은 일반인과 비교할 수 없을 정도로 강렬했습니다.

출처: https://blog.naver.com/bach7915/20187239235
출처: http://100.daum.net/encyclopedia/view/b08b3403b

넷째, 창의적 사고를 하는 사람들은 아이디어와 이미지를 레고 블록처럼 다루며, 끊임없이 새로운 조합을 통해 독창적인 결과물을 만들어냅니다. 이 과정에서 서로 연관성이 없어 보이는 대상들을 하나로 묶어내는 탁월한 능력을 발휘합니다. 시키는 일을 잘하는 사람은 A형의 훌륭한 인재일 수 있지만, 탁월한 인재는 스스로 하고 싶은 일을 만들어 내고, 다른 사람들을 그 일에 끌어들이는 사람입니다.[1] 진대제 전 정통부 장관은 이를 두고 "A+형 인재는 내가 미처 생각하지 못한 것을 지적하거나, 스스로 남다른 창의적인 방안을 만들어 해결해 내는 사람들"이라고 설명했습니다.

출처: https://ko.wikipedia.org/wiki/%EB%A0%88%EA%B3%A0#/media/File:Lego_Color_Bricks.jpg

## 2) 창의적인 사람이 되기 위해서는 무엇을 해야 하는가?

좋은 아이디어를 만들려면 우선 아이디어들을 가능한 대로 많이 생성해 낼 수 있어야 합니다. 아이디어를 생성할 때 어떤 습관이나 행동은 여러 가지 가능성을 생성해 내는 데 도움이

---

1 http://www.seri.org/forum/cpsf/

되지만 방해되는 것도 있습니다. 아이디어를 내기 위한 창의적인 습관, 행동과 비창의적인 습관, 행동은 표[1]와 같이 설명할 수 있습니다.

| 창의적인 습관과 행동/ 비창의적인 습관과 행동

| | |
|---|---|
| **창의적인 습관과 행동** | · 여러 가지의 가능한 정답들을 찾는다.<br>· 문제 해결하는 것을 재미있어하며 아이디어들을 '장난'한다.<br>· 실수란 창의적 과정에서 생길 수 있는 자연스러운 부산물로 받아들인다.<br>· 문제에 매달려 지치면 의도적으로 휴식을 한다.<br>· 여러 출처로부터 정보를 얻는다.<br>· 여러 가능성을 보여줄 수 있는 하나의 출처로써 유머 감각을 사용한다.<br>· 피드백을 감사하는 마음으로 받아들인다.<br>· '엉뚱한' 질문도 쉽게 한다.<br>· 계획, 제품, 서비스 등 모든 것에서 어떻게 개선할 수 있을지를 살핀다.<br>· '아이디어 수첩'을 준비하여 좋은 아이디어라고 생각하는 것은 모두 기록한다. |
| **비 창의적인 습관과 행동** | · 하나의 정답을 찾는다.<br>· 문제해결은 '심각한' 비즈니스라 생각하여 엄숙하게 접근한다.<br>· 가능한 대로 실수를 하지 않으려고 노력한다.<br>· 문제에 매달려 지치더라도 계속하여 해결을 시도한다.<br>· 전문가의 충고만 듣는다.<br>· 떠오르는 아이디어가 '우수하다고' 생각되더라도 말하지 아니한다.<br>· 당신을 지지하거나 의견을 같이하는 사람에게만 아이디어를 말한다.<br>· 어떤 것이 이해되지 않아도 입을 다문다.<br>· '깨지지 않으면 고치려 하지 않는다'라는 태도를 가진다. |

### 3) 창의적인 사람들의 습관 18가지

창의성은 흔히 신비롭고도 역설적인 과정을 통해 발현됩니다. 창의적인 생각은 어떤 사람에게는 매우 쉽게 떠오를 수 있지만, 상황이나 문맥에 따라 그렇지 않을 때도 많습니다. 영감이나 아이디어는 어디서나 나올 수 있지만, 정작 필요할 때 떠오르지 않는 경우가 많습니다. 사실 창의적으로 사고하는 데에는 복잡한 과정이 필요합니다.

뉴욕대학교 심리학 박사 스캇 배리 커프맨(Scott Barry Kaufman)은 허핑턴포스트를 통해 "창의적인 사람은 자신의 실제 모습을 알기 어렵다. 왜냐하면 창의적인 자아는 그렇지 않은 자아보다 훨씬 복잡하기 때문이다. 창의적인 사람은 수많은 아이러니를 가지고 있으며, 산만한 경향이 있다."라고 말했습니다. 창의적인 사람을 명확히 유형화할 수는 없지만, 매우 창의적인 사람들에게서 발견되는 몇 가지 공통된 특징이 있습니다.

① 몽상에 잘 빠진다.

창의적인 사람이라면 몽상에 빠지는 것이 결코 시간 낭비가 아니라는 것을 잘 알고 있을 것입니다. 딴생각하고 있을 때 난데없이 최고의 아이디어가 떠오르는 경우가 많습니다. 이는 몽상이 산만함 속에서도 정보를 기억해 내는 우리의 능력과 깊은 관련이 있기 때문입니다.

② 모든 것을 관찰한다.

창의적인 사람은 어떤 것에서도 가능성을 발견하며, 창의성의 기반이 될 수 있는 정보를 지속적으로 습득합니다.

③ 자신에게 맞는 시간대에 일한다.

많은 위대한 예술가들은 이른 아침이나 늦은 밤에 작업할 때 최고의 결과를 얻는다고 합니다. 예를 들어, 소설가 블라디미르 나보코프는 새벽 6시나 7시에 기상해 글을 쓰기 시작했으며, 건축가 프랭크 로이드 라이트는 새벽 3~4시에 일어나 몇 시간 동안 집중적으로 일한 후 다시 잠드는 습관이 있었습니다. 창의적인 사람들은 자신의 머리가 가장 잘 돌아가는 시간을 알고, 그에 맞춰 하루 일정을 계획합니다.

④ 혼자만의 시간을 가진다.

미국의 실존주의 상담가 롤로 메이는 "창의성을 가지려면 혼자만의 시간을 건설적으로 사용할 수 있는 능력이 필요하다. 혼자 남는 두려움을 극복해야만 한다."라고 말했습니다. 예술가를 비롯한 창의적인 사람들에게는 외톨이라는 고정관념이 종종 있지만, 혼자 있는 시간은 최고의 작품을 만들어내는 비결이 될 수 있습니다. 철학자 카우프만은 혼자 있는 시간이 몽상과 연결되며, 자신의 마음이 자유롭게 방황할 수 있도록 혼자만의 시간을 가져야 한다고 강조합니다.

⑤ 고통을 승화한다.

역사를 보면, 유명한 이야기와 노래들은 고통과 실연을 통해 탄생했습니다. 고통은 예술 창조의 기폭제가 되기도 합니다. 심리학자들은 정신적 외상(트라우마)이 창의성을 성장시키는 잠재적 원동력이 될 수 있다고 설명합니다. 카우프만은 "삶의 신념이 산산조각 날 때, 새로운 관점과 신선한 것을 찾고자 하는 욕구가 창의성을 자극한다."라고 말했습니다.

⑥ 새로운 것에 항상 열려 있다.

창의적인 사람들은 새로운 경험, 느낌, 정신에 마음을 열어 창의적인 결과물을 만들어 냅니다. 카우프만은 "어떠한 경험이라도 열린 마음으로 받아들이는 것이 창의적인 결과를 내는 데 중요한 변수다."라고 말하며, 지적 호기심과 감정에 솔직한 태도가 창의성을 촉진한다고 설명합니다.

⑦ 실패를 두려워하지 않는다.

창의적인 사람들은 실패를 두려워하지 않습니다. 실패는 창의적인 성공을 위한 전제조건이 될 수 있습니다. 스티븐 코틀러는 "창의적인 사람들은 실패한다. 그리고 정말 훌륭한 사람들은 더 자주 실패한다."라고 말하며, 실패를 좌절이 아닌 학습의 기회로 여긴다고 강조했습니다.

⑧ 호기심이 많다.

창의적인 사람들은 끊임없이 호기심을 유지하며, 나이가 들어도 세상에 대한 궁금증을 잃지 않습니다. 그들은 주변 세상을 관찰하며 "왜?"라는 질문을 통해 새로운 통찰을 얻습니다.

⑨ 다른 사람의 삶에 관심이 많다.

창의적인 사람들은 타인의 삶을 관찰하며, 이를 통해 최고의 아이디어를 얻습니다.

⑩ 위험을 감수할 줄 안다.

창의적인 일을 하기 위해서는 위험을 감수할 줄 알아야 합니다. 많은 창의적인 사람들이 삶에서 다양한 위험을 감수하며, 이는 창의성을 발휘하는 데 중요한 요소로 작용합니다. 위험과 창의성 사이에는 깊은 연관성이 있습니다.

⑪ 인생을, 자신을 표현하는 기회로 삼는다.

철학자 니체는 인생과 세상을 예술 작품으로 바라봐야 한다고 믿었습니다. 창의적인 사람들은 이와 같은 태도로 세상을 보며, 일상에서 자신을 표현할 기회를 지속적으로 찾습니다.

⑫ 보상을 바라지 않는 순수한 열정이 있다.

창의적인 사람들은 외부 보상보다 내면에서 우러나오는 동기에 따라 행동하며, 도전적인 일을 통해 열정을 발휘합니다.

⑬ 자신만의 생각에 갇히지 않는다.

카우프만은 몽상이 한정된 견해에서 벗어나 다르게 생각하는 법을 탐구하는 데 중요한 역할을 한다고 설명합니다.

⑭ 좋아하는 것에 완벽하게 몰입한다.

창의적인 사람들은 자신이 좋아하는 일에 몰입하며, 이를 통해 최고의 창작 상태에 도달합니다.

⑮ 아름다운 것들에 둘러싸여 있다.

창의적인 사람들은 아름다움에 민감하며, 이를 통해 영감을 얻습니다.

⑯ 연결점을 찾는다.

창의적인 사람들은 보통 사람들이 보지 못하는 연결점을 발견하는 능력이 있습니다. 스티브 잡스는 "창의성은 여러 가지를 연결하는 것이다. 창의적인 사람들은 경험을 새로운 것과 연결한다."라고 설명했습니다.

⑰ 지속해서 변화한다.

다양한 경험은 창의성에 필수적이며, 창의적인 사람들은 끊임없이 새로운 것을 경험하고 변화를 추구합니다. 이들은 일상의 지루함을 피하려 노력하며, 이를 통해 창의적 사고를 유지합니다.

⑱ 명상한다.

창의적인 사람들은 명상을 통해 마음을 비우고 집중함으로써 창의적인 정신 상태에 도달합니다. 영화감독 데이비드 린치 등 많은 예술가와 기업가들이 명상을 통해 높은 수준

의 창의적 사고를 이루어냈습니다.[2]

### 4) 창의성은 어떻게 얻어지는가?

첫째, 전문적 지식과 기술 창의성을 발휘하기 위해서는 자신의 전공 분야나 관심 영역에 대한 전문적인 지식과 기술이 필요합니다. 전문성이 없는 상태에서 단순히 다양한 아이디어를 내거나 새로운 시도를 하는 것은 진정한 창의성이 아닙니다. 이럴 때 현실에 맞지 않는 아이디어만 나오거나 무모한 도전이 될 수 있습니다. 따라서 문제해결을 위한 아이디어를 창출하거나, 제품 및 서비스 개발에 유용한 가치를 가진 아이디어를 만들어 내기 위해서는 해당 분야에 대한 일정 수준 이상의 실력을 갖추는 것이 필수적입니다.

둘째, 창의적 사고 스타일 전문적인 지식과 기술이 있어도 평소의 사고방식이 창의적이지 못하면 가치 있는 아이디어를 창출하기 어렵습니다. 과거의 전통이나 관행에 얽매이지 않고, 새로운 시각으로 문제를 바라보며 해법을 찾는 사고방식을 발전시키는 것이 중요합니다.

셋째, 동기(Motive) "말을 물가로 끌고 갈 수는 있어도 먹일 수는 없다"라는 말처럼, 창의적 기질을 가진 사람도 적절한 유인책이 없다면 창의성을 발휘하기 어렵습니다. 창의성을 촉진하기 위해서는 학교, 기업, 연구소, 관공서 등 조직 차원에서 구성원의 창의성을 유인하는 제도와 환경을 조성하는 것이 필요합니다.

넷째, 경험(Experience) 무라우에손(村上存)은 "디자인에 있어서의 과학/芸術的創造性"에서 창의성 발현은 경험, 지식, 정보, 자료를 활용하여 상상력을 발휘하는 과정에서 이루어진다고 설명합니다. 따라서 창의적인 아이디어를 만들어 내기 위해서는 풍부한 경험을 통해 머릿속에 지식과 정보, 자료를 축적해야 합니다. 이러한 축적된 자원은 상상과 가공을 통해 가치 있는 아이디어로 발전할 수 있습니다.

---

2 http://www.huffingtonpost.kr/2014/03/25/

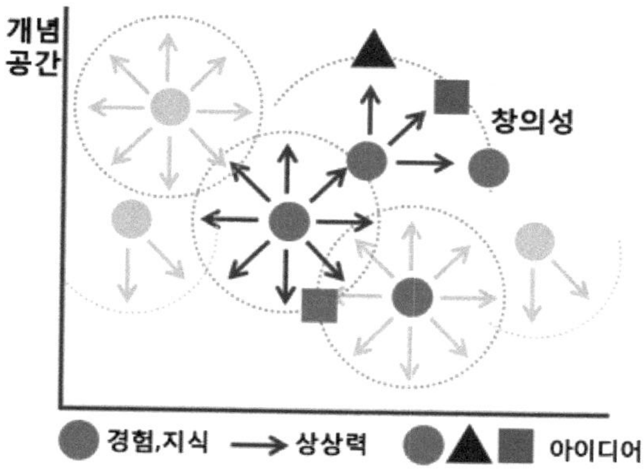


| 창의성 발현구조 村上存 “디자인에서 과학/예술적 창조성” JSSD,2005 P52

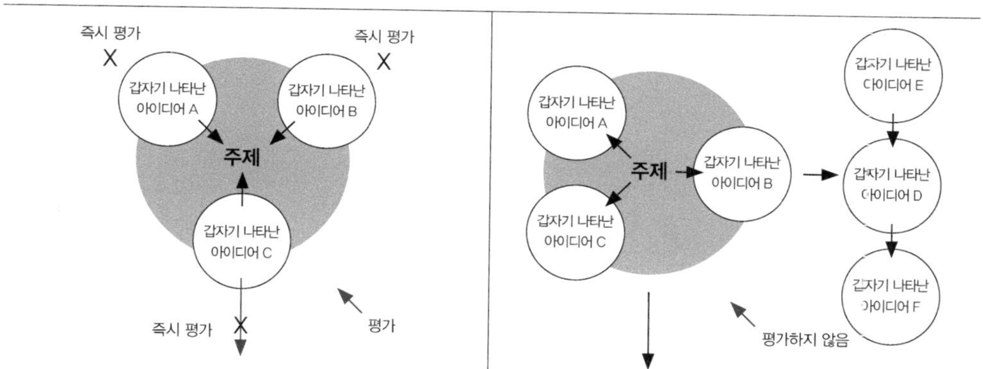


| 갑자기 생각이 나거나 아이디어에 따라 NO라고 하던가 평가로 작은 영역의 아이디어를 중심으로 아이디어를 전개한다. | 갑자기 생각이 나거나 아이디어를 이용하여 고정관념을 탈피하여 넓은 범위로 아이디어를 전개시키는 방법으로 NO라든가 평가하지 않는 아이디어 확신방법이다. |
|---|---|

| 창의적 사고의 과정: Wallas(1926)

아이디어를 발상할 때 중요한 요소 중 하나는 아이디어에 대한 평가입니다. 아이디어에 대해 즉각적으로 평가하는 것보다는, 평가를 미루고 계속해서 아이디어를 내게 하는 것이 창의적인 아이디어를 도출하는 데 더 효과적입니다.

그렇다면 창의적 사고 과정은 어떤 단계를 거칠까요? 창의적 사고 과정은 크게 4단계로 나눌 수 있습니다.

첫 번째, 준비 단계는 문제를 명확히 정의하고, 문제를 해결하기 위한 정보를 수집하는 단계입니다. 이 과정에서 문제의 본질을 깊이 이해하고 해결 방향을 설정합니다.

둘째, 부화 단계는 문제를 지각하며 해결에 필요한 내적 탐색을 진행하는 단계입니다. 여기서 기존의 지식과 새로운 아이디어가 결합하여 내적인 숙고가 이루어집니다.

셋째, 조명 단계는 부화 과정을 통해 축적된 아이디어가 '아하!' 하는 깨달음으로 떠오르는 단계입니다. 창의적 통찰과 혁신적인 생각이 이 단계에서 나타납니다.

네 번째, 검증 단계는 떠오른 아이디어가 현실적이고 적절한지 평가하고, 실질적으로 적용 가능한지를 판단하는 단계입니다. 이를 통해 아이디어의 유효성이 확인됩니다.

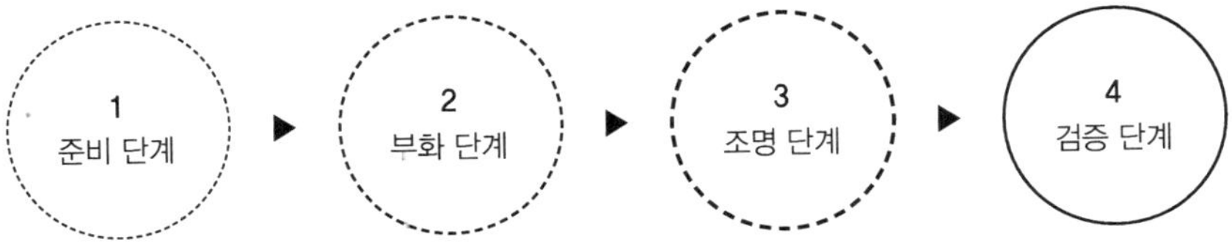


| 창의적 사고과정

### 5) 창의적인 사고의 기본적인 8가지 능력

**첫째, 판단을 유보하고 통제할 줄 아는 능력**: 질문이나 과제를 받았을 때 즉시 답을 내기보다는, 아이디어가 아주 다양하고 독특하게 생성될 때까지 판단을 유보하는 능력이 필요합니다. 창의적인 사고는 즉각적인 답변에서 나오기보다, 여러 가지 아이디어를 탐구하고 발전시키는 과정에서 탄생합니다. 창의적인 아이디어는 단번에 완전한 형태로 나타나기보다 시간이 걸리면서 점진적으로 진화해 발전하는 경우가 많습니다.

새로운 가치를 창조하는 능력 단순한 현상을 넘어 그 이면에 있는 이미지, 이유, 의미, 필요성을 찾아내고 이를 개념화하는 능력입니다. 이는 독창적이고 유용한 가치를 창출하는 데 중요한 역할을 합니다.

**둘째, 창의력의 핵심 요소**: 유창성, 독창성, 정교성, 융통성 문제에 대한 민감성의 창의력은

다음과 같은 5가지 핵심 요소에 의해 뒷받침됩니다:

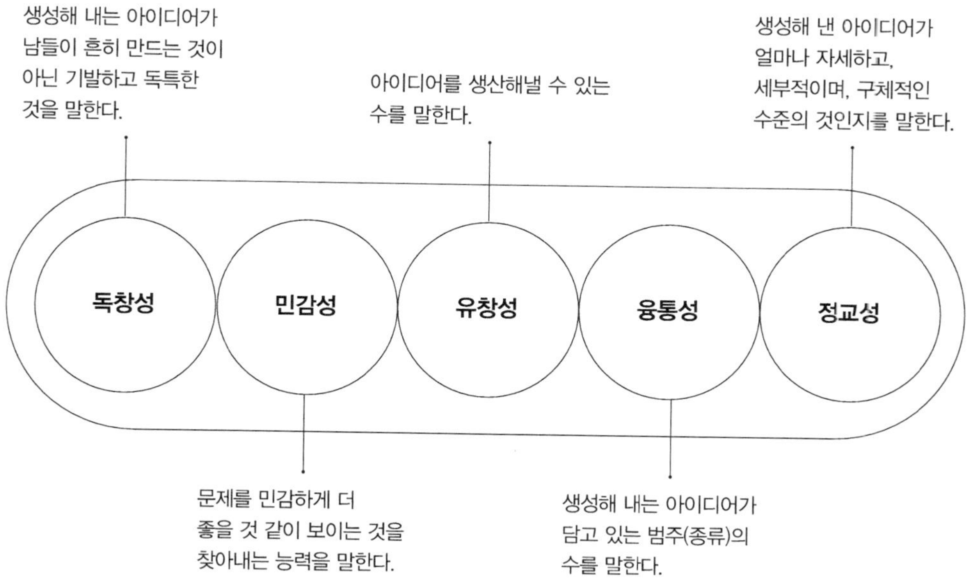


**| 창의성의 5가지 핵심요소**

유창성(Fluency)은 주어진 자극에 대해 제한된 시간 내에 얼마나 많은 양의 반응을 보일 수 있는가를 의미합니다. 반응의 양이 창의적 사고에서 중요한 요소로, 다양한 아이디어를 생성해 내는 능력을 나타냅니다.

융통성(Flexibility)은 생성된 아이디어의 범위와 종류를 말하며, 다각적인 접근으로 문제 해결책을 마련하고 아이디어를 확장하는 능력을 의미합니다. 이 능력은 다양한 관점에서 아이디어를 도출할 수 있도록 돕습니다.

독창성(Originality)은 흔하지 않고 기발하며, 남들과 차별화된 독특한 아이디어를 생성하는 능력입니다. 이는 자신만의 특별한 방식으로 문제를 해결하는 데 도움을 줍니다.

정교성(Elaborativeness)은 생성된 아이디어를 세부적이고 구체적으로 다듬는 능력으로, 아이디어의 결함을 보완하고 포함된 의미를 명확히 파악하는 것을 포함합니다.

민감성(Sensitiveness)은 문제를 철저히 들여다보며 숨겨진 모순, 불완전한 점, 또는 추가

되면 좋을 요소를 발견하는 능력을 뜻합니다.

**셋째, 질문 능력**: 창의적인 사고를 위해서는 호기심을 바탕으로 적극적인 질문을 할 수 있는 능력이 필요합니다. 질문은 '일상적-탐색적 질문'과 '구체적-문제 해결적 질문'으로 나뉘며, 목표, 가정, 정보, 개념, 해석, 결론 및 견해를 고려하여 이루어져야 합니다.

**넷째, 다각적인 시각 변화 능력**: 이해하는 각도가 다르면 보이는 것도 달라진다. 문제를 더 잘 이해할 수 있으려면 다양한 시각에서 볼 수 있어야 한다. 이를 위하여 특별한 사고 도구를 이용하는 것, 작업을 거꾸로 해보기, 경쟁자나 소비자의 관점에서 보는 것 그리고 큰 그림-작은 그리기 등의 방법을 이용할 줄 아는 능력을 말합니다.

**다섯째, 문제 범위 확대 능력**: 문제를 다시 정의하고, 더 넓은 범위로 확대하거나 좁혀 나가는 능력입니다. 이를 통해 문제를 새로운 시각에서 접근할 수 있습니다.

**여섯째, 결합과 조합 능력**: 다양한 아이디어와 정보를 결합하고 조합하는 능력은 창의적 사고의 중요한 요소입니다. 결합의 자세, 상상력, 유추 및 비유 등을 활용하여 새로운 아이디어를 만들어 낼 수 있습니다.

**일곱째, 논리적 사고 능력**: 발산적 사고와 수렴적 사고를 균형 있게 결합하는 능력으로, 창의적 문제해결에서 중요한 역할을 합니다. 두 사고방식이 함께 작동할 때 효과적인 해결책을 도출할 수 있습니다.

**여덟째, 새로운 가치를 창조하는 능력**: 단순한 현상을 넘어 그 이면에 있는 이미지, 이유, 의미, 필요성을 찾아내고 이를 개념화하는 능력입니다. 이는 독창적이고 유용한 가치를 창출하는 데 중요한 역할을 합니다. 〈참고: 창의력의 이론과 개발(김영채)〉

# 4. 창의성과 디자인

## 1) 창의성과 디자인의 연계성

디자인은 제품의 가치를 높이고 경쟁력을 강화하며, 새로운 시장 기회를 창출하는 데 있어 핵심적인 요소입니다. 또한, 인간 두뇌 활동의 산물로서 창의적 사고와 실천의 결합을 통해 발전합니다. 디자인 과정은 아이디어를 발상하고 이를 구체화하는 일련의 과정으로, 창의적 아이디어 발상은 디자인의 핵심이라 할 수 있습니다.

찰스 L. 오웬(Charles L. Owen)은 디자이너를 "발견자(finder)"보다는 창조성을 발휘하는 "발명가(Maker)"로 묘사하며, 디자이너가 자신이 아는 바를 새로운 구성, 배열, 패턴, 조성, 콘셉트로 종합하여 구체적이고 혁신적인 발명을 추구해야 한다고 강조했습니다. 그는 디자인을 소비자와 디자인된 대상 간의 소통의 통로로 정의하며, 제품과 소비자의 본질적 가치와 욕구를 재해석하여 새로운 가치를 창출하는 것을 디자이너의 중요한 역할로 설명합니다.

따라서 디자이너에게 있어 이러한 디자인 목표를 달성하기 위한 '창의적 아이디어 발상'은 필수적인 능력이며, 이를 지속적으로 개발해야 합니다. 창의적 디자인은 다양한 아이디어를 개념화하여 시각적 또는 조형적 표현으로 구체화하는 과정입니다. 디자인은 창조적인 사고 활동을 통해 이미지를 형성하며, 그 결과는 다양한 표현 수단으로 나타납니다.

표현된 디자인이 지나치게 추상적이거나 창의성이 부족하다면, 이를 디자인이라고 부르기 어렵습니다. 디자인은 머릿속에서 형상화할 수 있는 명확한 이미지와 창조적 요소를 포함해야 합니다. 창의적 사고와 아이디어를 구체적 형태로 구현하는 과정에서 디자인의 가치는 더욱 빛납니다.

## 2) 창의적인 디자이너란?

디자이너의 능력은 단순히 하나의 요소로 설명되지 않으며, 삼원적(三元的) 요소로 구성됩니다. 이는 감성 축, 표현력 축, 논리 사고 축이라는 세 축으로 나눌 수 있습니다.

**첫째, 감성 축**은 아름다움에 대한 감수성을 의미합니다. 감성이 예민하고 풍부한 사람은 새로운 감각을 발휘하며, 기발하고 독창적인 아이디어를 창출할 수 있습니다. 디자인 작업에 있어 감성은 창의적 발상의 원천이 됩니다.

**둘째, 표현력 축**은 표현 기술과 발표 능력을 포함합니다. 여기서 표현력은 시각적으로 조형을 표현하는 능력뿐만 아니라 디자인을 언어로 표현하는 언어적 표현능력을 말합니다. 이 두 가지는 디자이너에게 기본적으르 필요한 역량입니다. 표현력이 부족하면 풍부한 감성을 효과적으로 전달할 수 없으며, 설득력 또한 떨어지게 됩니다.

**셋째, 논리 사고 축**은 지식, 분석력, 그리고 구성력을 의미합니다. 이는 문제에 논리적으로 접근하고 체계적으로 해결책을 도출하는 데 필요한 능력으로, 디자인 작업의 기반을 형성합니다.

디자이너는 이 세 축을 조화롭게 발전시킴으로써 창의성과 설득력을 갖춘 완성도 높은 결과물을 만들어 낼 수 있습니다.

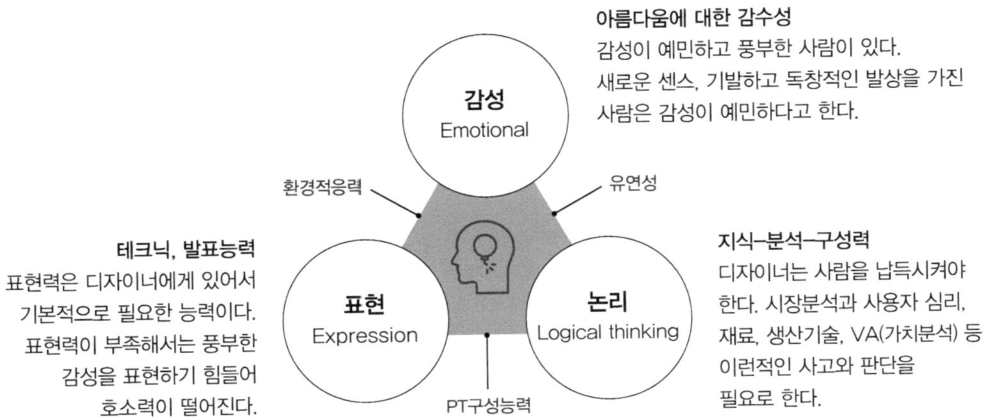


| 디자이너의 3가지 축

## 창의적 아이디어 발상의 중요성

디자이너는 클라이언트나 소비자를 효과적으로 이해시키는 능력을 갖추어야 합니다. 이를 위해 시장분석, 사용자 심리, 재료, 생산기술, VA(가치분석) 등을 기반으로 한 이론적인 사고와 판단이 필요합니다. 현대 디자이너는 비전을 가지고 과학적인 지식을 축적하며, 기존의 고정관념을 넘어서는 사고방식을 발전시켜야 합니다. 디자이너가 새로운 시대에 고유한 모델의 가치를 인정하고 이를 유지하며, 문화적 다양성을 재창조할 때 미래의 새로운 문화를 창조할 수 있는 가능성이 열립니다.

이 모든 작업의 바탕이 되는 것은 디자이너의 독창적인 발상 능력입니다. 독창적인 발상 능력은 창의력을 가진 사람의 핵심적인 특성으로, 디자이너가 반드시 갖추어야 할 중요한 역량입니다. 디자인 과정에서 아이디어 발상은 디자이너에게 가장 어려운 과정 중 하나로 여겨지며, 이를 보완하기 위해 다양한 아이디어 발상법이 개발되어 활용되고 있습니다.

디자인은 인간의 두뇌 활동에서 비롯된 사고의 과정입니다. 창의적인 디자이너가 되기 위해서는 효과적으로 아이디어를 발상하고 이를 현실화할 수 있는 능력을 갖추어야 합니다. 일본 창조학회 다카하시 마코토(高橋真琴) 회장은 아이디어를 창출하는 데에도 적절한 규칙과 방법이 있다고 언급했습니다. 그는 아이디어를 만들어낼 때 요령 있게 걸러낼 수 있는 능력을 길러야 한다고 강조했습니다.

우리 모두 아이디어를 고민하는 순간을 경험해 본 적이 있을 것입니다. “더 좋은 아이디어가 없을까?”, “아이디어가 도무지 떠오르지 않아.”, “이런 아이디어로는 회의에 통과하지 못할 거야.” 이런 어려움을 극복하려면 단순히 오랜 시간 고민하는 것에 그치는 것이 아니라, 적절한 규칙과 방법을 적용하여 아이디어를 걸러낼 수 있는 능력을 개발하는 것이 중요합니다. 아이디어 발상은 새롭고 차별화된 기획과 활동의 출발점으로, 창의적인 접근 방식을 통해 더 나은 해결책을 찾는 과정이 필수적입니다.

### 3) 아이디어 수준의 4단계

**아이디어의 분류와 활용**

아이디어는 풍부한 편이 좋지만, 모든 아이디어가 채택되거나 활용될 수는 없으며, 아이디어를 수준에 따라 다음과 같이 분류할 수 있습니다.

① 1단계: 채택되지 못하고 버려지는 아이디어

'버려지는 아이디어'는 신선미가 부족하고 실현 가능성이나 유효성이 낮은 아이디어입니다. 이런 아이디어는 현시점에서뿐만 아니라 미래에도 채택될 가능성이 작으므로 폐기됩니다. 그러나 이러한 아이디어를 부정적으로 볼 필요는 없습니다. 뛰어난 아이디어를 얻으려면 수많은 쓸모없는 아이디어가 필요한 법입니다. 아이디어의 양이 질을 능가하는 예도 많기 때문입니다.

② 2단계: 후보 아이디어

'후보 아이디어'는 재미와 참신성을 지니고 있지만, 현실성이 부족하거나 유효성이 불확실한 아이디어입니다. 현시점에서는 채택되지 않지만, 환경의 변화, 기술의 진보, 또는 사람들의 사고 변화에 따라 향후 사용될 가능성이 있습니다. 이러한 아이디어는 보류 상태로 남겨두는 것이 바람직합니다.

③ 3단계: 개선 아이디어

'개선 아이디어'는 비교적 쉽게 실현할 수 있으며 기존의 문제점을 개선하거나 해결하는 데 사용될 수 있는 아이디어입니다. 이는 가치를 높이고 부정적인 요소를 낮추거나 없애는 데 이바지합니다. 100개의 아이디어 중 약 10개 정도가 이 범주에 속하며, 문제를 다양한 각도로 분석하여 각 요소의 개선점을 찾아냅니다.

④ 4단계: 혁신적인 아이디어

'혁신적인 아이디어'는 실용적으로 사용하기 위한 장애물이 크지만, 강력하고 영향력이 큰 발상으로 채택됩니다. 이러한 아이디어는 100개 중 한 개 정도의 확률로 도출되며, 효과의 크기와 혁신성은 2배에서 10배 이상에 이를 수 있습니다. 현실적인 제약, 실현성, 위험, 비용 대비 효과 등을 종합적으로 고려하여 선정되며, 강렬하고 지속적인 영향을 미치는 특성을 가집니다.

## 4) 아이디어 발상 단계 과정

### 제임스 웹 영의 아이디어 발상의 4단계

제임스 웹 영이 제안한 아이디어 발상의 4단계는 광고, 마케팅, 제품 개발 전문가들 사이에서 실제로 사용되는 방식으로, 다음과 같이 단계별로 나뉩니다.

① 1단계(조사 단계): 이 단계는 가장 중요한 과정으로, 아이디어를 생성할 수 있는 기본 자료를 충분히 수집하는 단계입니다.

- 연구목적을 명확히 하고, 아이디어의 근거를 탐구해야 합니다.
- 백화점, 거리, 시장, 전철 등 주변의 모든 장소에서 자료를 찾을 수 있습니다.
- 소비자, 제품, 경쟁사에 대한 지식을 수집하고, 광고 담당자, 기술진, 생산관계자, 최고경영자 등의 의견을 참고할 수 있습니다.
- 연구회, 세미나, 각종 테스트를 통해 추가적인 정보를 얻을 수 있습니다.
- 이 모든 자료는 자세한 조사와 분석을 기반으로 하며, 창조적 발상을 위한 기초를 형성합니다.

② 2단계(분석 단계); 1단계에서 수집한 자료를 분석하여 결론을 도출하는 단계입니다.

- 자료를 검토하며 매력 포인트(Appeal Point)를 찾아내야 합니다.
- 문제점 파악 후, 현재 고객에게 어떻게 소구할 수 있을지를 고민합니다.
- 크기 변화, 형태 변경, 수량화, 이질적 요소 추가, 비유 등 다양한 방법을 활용하여 자료를 분석합니다.
- 모든 아이디어를 메모하여 다양한 생각을 정리합니다. 이는 아이디어 혼합의 과정에서 중요한 자산이 됩니다.

③ 3단계(부화 단계): 아이디어가 떠오를 수 있는 마음의 준비를 하는 단계입니다.

- 머릿속을 완전히 비우고 잠재의식이 작용할 시간을 줍니다.

- 자료와 생각을 모두 내려놓고 휴식을 취하며, 창의적인 과정을 잠재의식에 맡깁니다.
- 영화를 보거나 음악을 듣거나 산책하는 등, 본래 문제에서 벗어나는 활동을 통해 새로운 아이디어가 문득 떠오를 가능성을 높입니다.

④ 4단계(개발 단계): 수많은 아이디어 중에서 현실적으로 가능한 아이디어를 추려내고 정리하는 단계입니다.

- 너무 큰 부담 없이 자유롭게 아이디어를 내는 것이 중요합니다.
- 주변 사람들에게 아이디어를 설명하며 정리하고 다듬습니다.
- 화장실, 목욕 시간, 잠자리 등 예상치 못한 순간에 아이디어가 떠오를 수 있으므로 항상 기록할 준비를 해야 합니다.[3]

## 5) 아이디어 발상을 잘하려면

**정보, 지식, 경험, 자료 등이 많아야 한다.**

아이디어 발상은 아무것도 없는 상태에서 갑자기 만들어지는 것이 아닙니다. 이는 정보, 지식, 경험, 자료 등 여러 요소가 적절히 조화를 이루며 발효되고 구체화하는 과정을 통해 탄생합니다. 마치 빵을 만들 때 밀가루, 설탕, 우유, 이스트, 물, 달걀 등이 적절히 배합되고 숙성되어야 맛있는 빵이 완성되듯, 아이디어 발상도 그러한 과정이 필요합니다.

출처: https://www.farmmate.com/goods/view?no=6531

---

3 http://blog.naver.com/yzgriffin?Redirect=Log&logNo=60103460424

**기초 자료의 중요성**: 디자이너는 새로운 것을 만들어 내는 데 필요한 정보와 자료를 꾸준히 수집해야 합니다. 문제의식을 느끼고 시야를 넓혀 관련 정보를 놓치지 않고 모으는 것이 중요합니다. 이는 선입견을 버리고 지식을 자신의 것으로 만들려는 노력을 포함합니다.

**발효 과정**: 수집된 정보와 자료, 그리고 경험은 단순히 모으는 것으로 끝나지 않고, 반복적인 사고 과정을 통해 발효되어야 합니다. 떠오른 아이디어를 지속적으로 가다듬고, 새로운 정보를 추가로 저장하면서 점진적으로 발전시킵니다.

**창조적 순간의 도달**: 스트레스와 긴박감은 창조적 사고를 자극하는 데 도움을 줄 수 있습니다. 기한과 목표를 설정하여 스스로에게 적당한 압박을 주고, 이를 극복하는 과정에서 창의적인 아이디어가 순간적으로 떠오를 수 있습니다.

**구체화와 정리**: 떠오른 아이디어를 정리하고 세부적인 살을 붙이는 과정이 필요합니다. 이때 얻어진 결과를 체계적으로 정리하며, 새로운 아이디어를 존중하는 경험자의 조언을 받는 것도 바람직합니다. 이를 통해 아이디어의 완성도를 높이고, 실현 가능성을 검토할 수 있습니다.

### (1) 아이디어 발상의 자세

**창의성을 키우기 위한 10가지 질문과 태도**

① 고정관념의 틀을 벗으려고 하는가?

자신을 스스로 창의적인 사람으로 인식하고, 기존에 틀 속에서 벗어나려는 자세가 필요합니다. 창의력은 모두가 가지고 태어나는 능력이며, 새로운 아이디어는 고정관념을 벗어난 사고에서 비롯됩니다.

② 남의 이야기에 귀를 기울이는가?

자신의 의견만 고집하기보다, 특히 고객의 이야기에 귀를 기울이고 타인의 관점을 이해하는 노력이 중요합니다.

③ 도전적이며 위험을 감수하는 편인가?

실패를 두려워하지 않고 도전하는 태도가 창의성 발현의 핵심입니다. 성공은 실패를 거듭하며 배우는 과정에서 이루어지는 경우가 많습니다.

④ 차별성이 있는가?

모든 사람이 생각하는 것을 실행에 옮기면 차별성이 없습니다. 실행력과 독창성에서 차별화된 생각과 행동을 통해 창의성을 발휘해야 합니다.

⑤ 앞을 내다보고 있는가?

현재의 일을 하면서도 다음 단계를 내다보는 예측력과 계획성은 창의적인 작업 태도를 형성합니다. 효율성과 생산성을 높이는 데 큰 도움이 됩니다.

⑥ 서로 다른 것을 조합하고 연결할 수 있는가?

연관성이 없어 보이는 요소들을 조합하여 새로운 가치를 창출하는 능력이 필요합니다. 유머처럼, 창의성은 감정을 움직이고 새로운 이미지를 만들어내는 데 기여합니다.

⑦ 뒤집어 생각할 줄 아는가?

문제를 해결할 때 기존의 관점을 반대로 뒤집어 보는 사고방식은 창의적인 해결책을 제시할 수 있습니다.

⑧ 자유로운 발상을 하는가?

자유로운 생각과 융통성 있는 태도를 통해 황당해 보이는 아이디어라도 일단 떠올리고 메모하는 습관을 길러야 합니다. 초기에는 실현 가능성을 배제하고, 나중에 평가하는 것이 중요합니다.

⑨ 질문을 많이 하는가?

변화와 개선을 추구하기 위해 끊임없이 질문하며, 다양한 대상을 통해 답변과 영감을 얻어야 합니다.

⑩ 기록은 잘하고 있는가?

창의적인 발상은 기록이 없으면 사라지기 쉽습니다. 모든 떠오르는 아이디어를 적어두고, 추후 정리하고 평가하는 과정을 통해 활용도를 높여야 합니다.

⑪ 남의 창의적인 아이디어를 살 줄 알고, 자기의 아이디어를 팔 줄 아는가?

창의적인 아이디어를 설득력 있게 전달하려면 구체적인 자료와 데이터를 준비해야 합니다. 또한, 남의 아이디어를 받아들일 때도 충분한 정보를 바탕으로 평가할 수 있는 기준이 필요합니다.

⑫ 창의력은 진공상태에서 나오지 않는다.

고정관념의 틀을 과감히 벗어나, 오감(五感)을 총동원하여 아이디어를 기록하고 평가하며 조합하는 과정을 통해 창의성을 키울 수 있습니다.[4]

출처: http://blog.naver.com/PostView.nhn?blogId=toshyo&logNo=60064716722

### (2) 아이디어를 빌려라

자신의 경험과 관찰에서 아이디어를 빌리는 것은 창의성 계발에 매우 효과적인 방법의 하나입니다.[5]

경험은 문제를 더욱 깊이 이해하게 하고, 이를 해결하는 실질적인 기반을 제공합니다. 특히 다른 영역에서 아이디어를 빌리고 이를 독창적으로 재결합하여 자신만의 문제 해결책으로 활용할 수 있는 능력은 창의적인 사람들에게 필수적입니다.

#### 아이디어를 관찰과 경험에서 빌린 사례

첫 번째 사례는 연필의 형태에서 영감을 받아 엠파이어스테이트 빌딩이라는 20세기의 가장 위대한 건축물을 설계한 일입니다. 이는 관찰에서 아이디어를 빌린 대표적인 사례로, 우리가 주변의 모든 사람, 장소, 사물을 관찰하며 아이디어를 얻을 필요가 있다는 점을 보여줍니다.

---

4 http://cafe.daum.net/do21c, http://puzzlelab.net/tt/index.php?pl=119

5 이경식 옮김(2014), 바로잉, 흐름출판, 서울

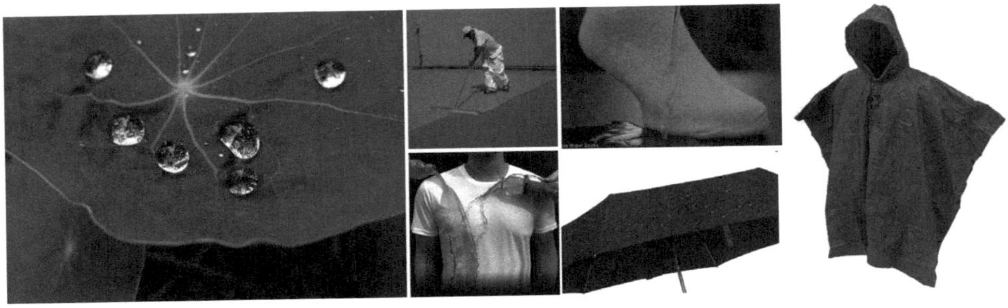

두 번째 사례는 연꽃의 물을 밀어내는 특성에서 영감을 받아 초소수성(Super Hydrophobic) 소재를 개발한 예입니다. 이 소재는 코팅, 페인트, 직물 등에 응용되었으며, 연꽃의 물에 대한 비친화적 성질을 활용한 혁신적인 아이디어라 할 수 있습니다.

세 번째 사례는 스위스 발명가 조르주 메스트랄(George de Mestral)이 도꼬마리(Cocklebur)의 열매에서 영감을 받아 벨크로(Velcro), 흔히 "찍찍이"로 불리는 아이디어를 고안한 일입니다. 그는 자신의 개와 옷에 열매의 가시가 달라붙은 것을 보고, 이 현상을 관찰해 새로운 고정 장치를 개발하게 되었습니다.

# 21가지 아이디어 발상법

사고 패턴이 고정된 형태로 유지되면 혁신적인 아이디어를 가로막을 수 있습니다. 창의적 사고 기법은 다음과 같은 상황에서 유용합니다.

- 문제점이나 실행할 수 있는 해결책을 찾고자 할 때
- 신제품을 개발하려 할 때
- 비약적인 힌트를 얻고자 할 때
- 현재의 허구를 깨뜨릴 방식 또는 구조를 변경하려 할 때

창의적 사고 기법은 아이디어를 생성하는 방법과 아이디어를 실천하고 실행하는 방법으로 나눌 수 있습니다.
본 책에서는 아이디어 발상에 널리 사용되는 다음의 기법들을 소개합니다. 각 기법에 대한 기본적인 설명과 함께 사례를 통해 독자들의 이해를 돕고자 합니다.

| | |
|---|---|
| 1. 브레인스토밍 | 12. 희망열거법 |
| 2. 브레인라이팅 | 13. 결점열거법 |
| 3. 365아이디어 발상법 | 14. 6색 모자법 |
| 4. 만다라트 | 15. 속성열거법 |
| 5. 마인드맵 | 16. 스토리보드/디자인시나리오 |
| 6. KJ법 | 17. OPV |
| 7. 역 브레인스토밍 | 18. 5W1H |
| 8. 체크리스트 | 19. 시네틱스 |
| 9. 스캠퍼 | 20. 강제결합 |
| 10. PMI | 21. NM법 |
| 11. ALU | |

이 책에서 제시된 사례들은 다양한 대상(사례)을 중심으로 아이디어를 전개하며, 표현 방식은 아이디어 전개의 조건과 환경에 따라 적합하게 활용할 수 있습니다.

# CHAPTER 02.

# 아이디어 발상법

# 1. 브레인스토밍
## (Brainstorming)

### 브레인스토밍(Brainstorming)의 개요와 실행 방법

브레인스토밍은 현재 가장 널리 사용되며 잘 알려진 창의적 사고 기법으로, 1939년 사업가 알렉스 오스본(Alex Osborn)에 의해 개발되었습니다. 원래는 집단이 문제를 해결하기 위해 만들어진 방법이지만, 개인적으로도 활용이 가능합니다.

브레인스토밍을 효과적으로 진행하기 위한 이상적인 인원은 5~12명입니다. 그러나 최소 2~3명에서 많게는 수백 명이 참여하는 때도 있으며, 참여 인원의 많고 적음은 큰 문제가 되지 않습니다. 한 사례에서는 남녀 간의 아이디어 산출 경쟁이 더 많은 수의 아이디어를 도출하는 데 효과적이었다는 점이 밝혀졌습니다. 따라서 특정 성별로만 구성해야 하는 특별한 이유가 없다면, 남녀가 함께하는 팀 구성이 더 바람직하다는 의견이 있습니다.

또한, 구성원의 수는 짝수보다는 홀수로 편성하는 것이 더 좋다는 의견도 있습니다. 이는 회의의 마지막 단계에서 아이디어 평가 시, 찬성과 반대 의견이 동수로 갈리는 상황을 방지하기 위함입니다.

### 브레인스토밍은 어떻게 사용하는가?

브레인스토밍의 목적은 아이디어를 다량으로 생성하거나 혁신적인 아이디어를 생산하는 데 있습니다. 이를 위해 브레인스토밍은 사회자, 기록자, 참가자로 구성됩니다.

참가자들이 제안한 모든 아이디어는 기록되며, 일반적으로 칠판이나 큰 종이에 정리하여 모든 사람이 이를 보고 재검토할 수 있도록 합니다. 이렇게 시각적으로 공유된 기록은 아이디어 검토와 발전 과정에 큰 도움을 줍니다.

특히 사회자의 역할은 브레인스토밍 성공 여부를 결정짓는 핵심적인 요소입니다. 사회자는 다음 규칙들을 관리하고 조절하며, 참가자들이 자유롭게 아이디어를 표현할 수 있도록 돕는 동시에 회의가 효율적으로 진행되도록 해야 합니다.

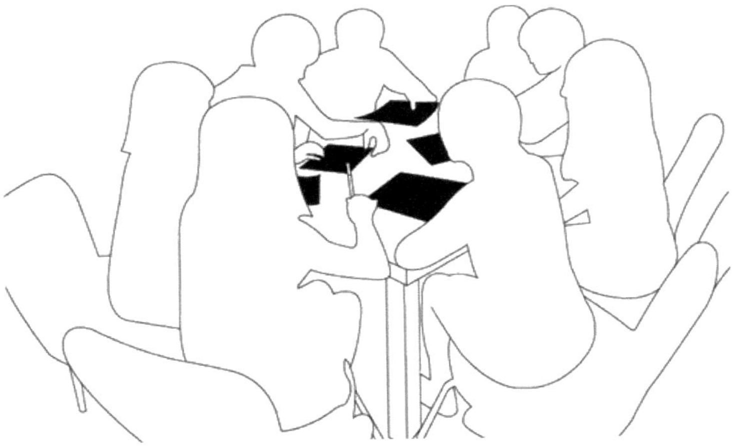

| 아이디어 회의

## 브레인스토밍(Brainstorming)

### ❶ 규칙

**첫째, 비판하지 않는다.**

모든 아이디어는 존중되어야 합니다. 엉뚱한 아이디어라도 비판하지 않는 것이 원칙입니다. 이는 자기 자신에게도 적용되며, 스스로의 아이디어를 내적으로 비판하거나 평가하며 발표를 꺼리는 행동을 피해야 합니다. 사회자는 비방이나 험담을 하는 참여자에게 경고를 주어야 합니다.

**둘째, 자유분방함을 권장한다.**

아이디어는 거칠고 자유로울수록 좋습니다. 엉뚱한 아이디어 속에서 창의적이고 새로운 발상이 나올 가능성이 높습니다. 제안된 아이디어에 '좋은'이나 '훌륭한'이라는 조건을 붙이기보다는, 있는 그대로 사고를 발전시키는 것이 중요합니다.

**셋째, 아이디어의 양(量)을 추구한다.**

많은 아이디어를 생성하는 것이 브레인스토밍의 목표입니다. 아이디어의 양이 질을 결정할 수 있다는 원칙에 따라, 가능한 한 많은 아이디어를 제안하고 그중에서 유용한 것을 선별합니다. 이 과정은 마치 진주조개를 채취해 진주를 찾는 작업에 비유할 수 있습니다.

**넷째, 결합과 조합을 통해 개선한다.**

제안된 아이디어는 특정 개인의 소유물이 아닙니다. 모든 참여자는 이를 기반으로 결합하고 조합하여 더 발전된 아이디어를 만들어 낼 수 있습니다. 특히 회의 후반부에는 창의적이고 독창적인 아이디어가 더 많이 나오는 경향이 있으므로, 질에 대한 판단은 마지막 단계까지 유보하는 것이 좋습니다.

## ❷ 방법

### 준비 단계

① 집단별로 기록지와 필기도구를 준비합니다.
② 토의 날짜와 참가자의 이름을 기록합니다.
③ 참가자들은 둘러앉아 긴장을 풀고 준비운동을 합니다.
④ 주제를 모두가 잘 볼 수 있는 곳에 부착합니다.
⑤ 아이디어를 기록할 기록자를 선정합니다.
⑥ 사회자(진행자)는 지켜야 할 규칙과 목적, 소요 시간을 안내합니다.
⑦ 아이디어 발표: 참가자 각자가 순서대로 아이디어를 발표합니다.

### 추가적인 세부 지침

- 좌석 배치 원형 배치, □형 교실 배치, ∪자형 배치를 활용하여 참가자 간 소통을 원활히 합니다.
- 진행 시간 통상적인 소요 시간은 1시간 정도가 적당하지만, 상황에 따라 유연하게 조정할 수 있습니다.
- 발표 방식 참가자는 1명씩 발표하며, 사회자의 지시에 따라 진행합니다. 특히, 아이디어를 보태고자 할 때는 바로 발표하도록 합니다.

### 준비물

– 녹음기
– 필기도구(아이디어 기록용)
– 칠판 또는 큰 종이(아이디어 기록용)
– 깃발, 종, 호루라기 등 경고나 정보 지시를 알릴 수 있는 도구

## ❸ 유의점

브레인스토밍 진행 시 추가적인 지침

- 발언 절차 준수: 모든 발언은 반드시 사회자의 허락을 받은 후 진행하도록 합니다.
- 비난 금지 및 경고: 참가자가 비난하거나 부적절한 아이디어를 제안할 경우, 깃발이나 종과 같은

도구를 사용해 경고합니다.

- 아이디어 고갈 시 대처: 아이디어가 고갈된 경우, 그때까지 나온 내용을 정리하고 확인하는 시간을 제공합니다.
- 아이디어 수정 및 결합 장려: 기존 아이디어를 수정하거나 보완하고, 결합하여 발전된 아이디어를 도출하도록 권장합니다.
- 토의 내용 정리 및 추가 의견 수렴: 토의 끝부분에 논의된 내용을 읽어 주고, 추가적인 의견이나 질문을 받습니다.
- 종료 및 감사 인사: 시간이 종료되면 참가자들에게 협조에 대한 감사를 표하고 공식적으로 종료를 알립니다.

## ❹ 발상 사례 1

### ① 아이디어 발상

**'립스틱'**을 주제로 자유롭고 다양하게 아이디어(키워드)를 발상합니다.

### ② 아이디어 선정 및 구체화

발상한 아이디어 중에서 립스틱에 적합한 키워드를 결합하여 구체화할 단어를 선정합니다.

### ③ 범주 분류 및 콘셉트 도출

선정된 아이디어를 형태(Shape), 기능(Function), 문제(Problem) 등의 범주로 분류하고, 분류 작업은 디자인 대상에 맞게 다양한 방식으로 진행할 수 있다. 분류 결과를 바탕으로 디자인 콘셉트를 도출합니다.

### ④ 아이디어 스케치

분류된 범주를 선택해 각자 아이디어 스케치를 진행하고, 이 과정에서 아이디어를 시각적으로 구체화합니다.

### ⑤ 3D 렌더링(Rendering) 진행

최종적으로 선택된 아이디어 스케치를 기반으로 3D 렌더링을 진행하여 결과물을 완성합니다.

→ 브레인스토밍을 이용한 립스틱 아이데이션(Ideation)

| | | | | | | | |
|---|---|---|---|---|---|---|---|
| 유혹 | 파티 | 먼지 | 크레파스 | 키스 | 어른 | 작다 | 거울 |
| 샤넬 | 색깔 | 아기 | 낙서 | 분홍 | 치아 | 입술 | 여자 |
| 아름다움 | 구두 | 길다 | 틴트 | 부드러움 | 건조함 | 립파레트 | 끊어짐 |
| 매끈함 | 번짐 | 리무버 | **립스틱** | | 짧다 | 발색 | 분실 |
| 화장품 | 립라이너 | 와이셔츠 | | | 막대 | 립밥 | 원기둥 |
| 장미 | 향기 | 빛 | 립붓 | 재활용 | 빛 | 묻음 | 입술모양 |
| 위생 | 끈적임 | 트윈 | 자국 | 로켓모양 | 모델 | 딱풀 | 립글로즈 |
| 얼굴 | 색연필 | 가격 | 딸기 | 백화점 | 뚜껑 | 사탕 | 파우치 |

| Function | Shape | Problem |
|---|---|---|
| 색깔 | 크레파스 | 엄마 |
| 리무버 | 원기둥 | 아기 |
| 뚜껑 빛 | 색연필 | 낙서 |
| 맛 | 딱풀 | 여배우 |
| 분실 | 토니모리 | 립글로즈 |
| 붓 | 여자 | 사탕 |
| 향기 | 매끈한 | 아름다운 |
| 트윈틴트 | 부드러운 | |
| 트윈 | 꽃 | |
| 재활용 | 장미 | |
| | 막대 | |
| | 색연필 | |
| | 립라이너 | |

**콘셉트(Concept)**

먼지, 끊어짐, 번짐, 짧다

→ 도출된 최종 콘셉트에 따라 아이디어 스케치를 진행한다.

→ 전개된 아이디어 스케치 중에서 디자인 콘셉트나 방향에 맞는 안을 선정하여 렌더링 진행한다.

## ❸ 발상 사례 2

### ① 아이디어 발상

'건강'을 핵심 주제로 삼아 자유롭게 다양한 아이디어(키워드)를 발상합니다.

### ② 아이디어 선정 및 매칭

발상한 키워드 중 **'차 디퓨저(Tea Diffuser)'**와 매칭하여 구체화할 수 있는 단어를 선정합니다.

### ③ 범주별 분류

선정된 아이디어를 형태(Shape), 색상(Color), 표시창(Display), 콘셉트(Concept) 등의 범주로 나누어 정리합니다.

### ④ 아이디어 스케치

분류된 범주에 따라 각 단어를 스케치에 반영하며 시각적으로 구체화합니다.

### ⑤ 3D 렌더링(Rendering) 진행

최종적으로 선택된 아이디어 스케치를 바탕으로 3D 렌더링을 진행하여 완성된 디자인을 시각화합니다.

→ 브레인스토밍을 이용한 건강을 주제로 차 디퓨저(Tea Diffuser) 아이데이션

| | | | | | | | | |
|---|---|---|---|---|---|---|---|---|
| 노인 | 시골 | 젊음 | 주전자 | 식품 | 아이 | 근육 | 차(물) | 병원 |
| 로컬푸드 | 자연 | 채소 | 식품 | **건강** | 헌혈 | 유기농 | 다이어트 | 운동 |
| 트레이너 | 유전 | 체험활동 | 천연 | | 건강검진 | 수면 | 혈압 | 향 |
| 선물 | 스트레스 | 비용 | 규칙적 습관 | 관계 | 패스트푸드 | 요양 | 감정 | 테라피 |

| Shape | Function |
|---|---|
| 풍요로움<br>주전자<br>전통적인 | 테라피<br>건강한 관계<br>차(물) |

| 콘셉트(Concept) |
|---|
| 체험활동, 심신안정, 자연, 선물 |

→ 도출된 최종 콘셉트에 따라 아이디어 스케치를 진행한다.

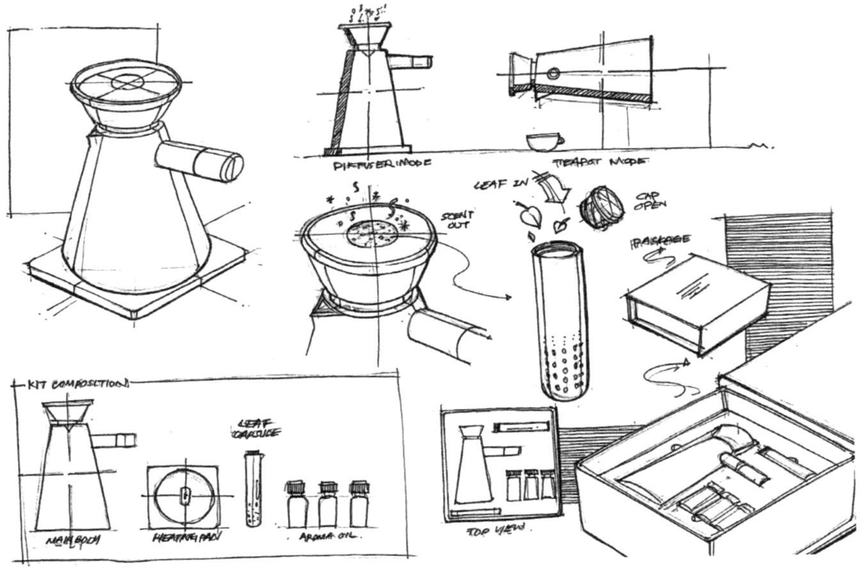


→ 전개된 아이디어 스케치 중에서 디자인 콘셉트나 방향에 맞는 안을 선정하여 렌더링 진행한다.

# 2. 브레인라이팅
(Brainwriting)

브레인라이팅은 참가자들이 내성적이거나 표현하기를 주저하는 사람들이 있을 때 사용하는 방법으로 같은 양식의 브레인라이팅지를 만들어 참가자들에게 나누어 준 후 3가지 아이디어를 제안하고 그 종이를 다른 사람에게 전달하여 다음 사람이 다른 3가지 아이디어를 내어 마지막에 취합하여 정리 평가합니다.

**브레인라이팅(Brainwriting)**

### ❶ 방법

**① 브레인라이팅지 작성**

집단 구성원들이 브레인라이팅지를 사용하여 각자의 아이디어를 기록합니다.

**② 게시용 용지 준비**

멀리서도 잘 보이는 큰 게시용 용지를 준비합니다.

**③ 아이디어 기재**

각 구성원이 한 장에 한 개의 아이디어만 적도록 합니다.

아이디어 발표 및 제출: 작성된 아이디어를 소리 내어 발표한 뒤, 사회자에게 제출합니다.

**④ 아이디어 게시**

사회자는 수집한 아이디어를 참가자들이 볼 수 있도록 게시판에 게시합니다. 집단 구성원들에게 브레인라이팅지를 사용하여 각자의 아이디어를 기록하게 합니다.

**⑤ 게시용 용지 준비**

사용 용지는 멀리서도 볼 수 있는 큰 종이이어야 합니다. 한 장에는 한 개의 아이디어만 적습니다.

| 문제 진술: 어떻게 A를 편리하게 사용하게 할 수 있을까? | | | |
|---|---|---|---|
| 아이디어 / 사람 | 아이디어 A | 아이디어 B | 아이디어 C |
| 1 | 자동으로 작동하게 만든다 | 버튼 하나로 사용할 수 있게 한다 | 아주 작게 만든다 |
| 2 | | | |
| 3 | | | |
| . | | | |

| 브레인라이팅지 작성의 예: 편리한 A를 만들기

## ❷ 발상 사례 1

### ① 대상물 선정

디자인 대상물로 **'펜'**을 선정합니다.

### ② 아이디어 기록

준비된 게시용 용지를 사용해 각 참가자가 3~5개의 아이디어를 기록하고, 다른 참가자들이 차례로 추가 아이디어를 작성합니다.

### ③ 아이디어 분류 및 선정

기록된 모든 아이디어를 큰 주제로 분류하고, 구체화할 수 있는 아이디어를 선정합니다.

### ④ 범주별 정리 및 스케치 진행

선정된 아이디어를 형태(Shape), 색상(Color), 표시창(Display) 등 범주로 나누어 정리한 후, 이를 기반으로 콘셉트를 도출하고 디자인 스케치를 진행합니다. 이때 범주 분류는 디자인 대상에 따라 유연하게 적용할 수 있습니다.

### ⑤ 3D 렌더링(Rendering) 진행

최종 선택된 아이디어 스케치를 기반으로 3D 렌더링(Rendering)을 진행하여 디자인을 시각적으로 완성합니다.

### → 브레인라이팅을 이용한 펜 아이데이션(Ideation)

| | | | | | | | | | |
|---|---|---|---|---|---|---|---|---|---|
| 그림을 그릴 때 다양한 효과를 줄 수 있는 펜 | 수치를 알려주는 펜 | 잉크가 없음을 알려주는 펜 | 불이 나오는 펜 | 그림을 그릴 때 다양한 효과를 줄 수 있는 펜 | 두께 조절이 가능한 펜 | 사용자가 편하게 쓸 수 있는 펜 | 수정이 쉬운 펜 | 어떤것과 결합할 수 있는 펜 | 해외여행 할 때 단어, 회화가 가능한 펜 |
| 모양 찍히는 형광펜 | 색상을 알려주는 펜 | | 어두운 곳에서 쓸 수 있게 빛이 나오는 펜 | 볼펜 나오는 부분이 쉽게 망가지지 않는 펜 | | 장애인을 위한 펜 | 쓰다가 틀린 경우 바로 수정이 가능한 펜 | 연필과 결합한 펜 | 강의내용을 가까이 적어서 도움을 주는 펜 |
| 그림을 그릴 때 다양한 효과를 줄 수 있는 펜 | 돌릴 때마다 색이 바뀌는 펜 | | | 떨어지지 않는 펜 | | | 형광펜이나 색연필 등을 지울 수 있는 펜 | 팔찌나 시계와 결합한 펜 | 타이머 기능이 있는 펜 |
| 수채화 느낌이 나는 펜 | 컬러가 섞이는 펜 | | | 얇고 가벼운 펜 | | | | | 음성인식이 가능한 펜 |
| | | | | 부시면서 쓰는 펜 | | | | | 소리가 나는 펜 |
| | | | | 종이가 휴지처럼 말려서 뜯어쓰는 펜 | | | | | 형광펜인데 쓰면 어학사전 기능 |

| Function | Shape |
|---|---|
| 칼라<br>음성인식, 화면인식<br>타이머, 빛 | 얇다<br>가볍다 |

| **콘셉트(Concept)** |
|---|
| 다양한 기능 결합하고, 교육용으로 효율적 사용 가능 |

- 브레인라이팅에서 나온 아이디어 기록 중 선정된 아이디어를 기능(Function), 형태(Shape), 콘셉트(Concept)의 범주로 정리한다.

→ 도출된 최종 콘셉트에 따라 아이디어 스케치를 진행한다.

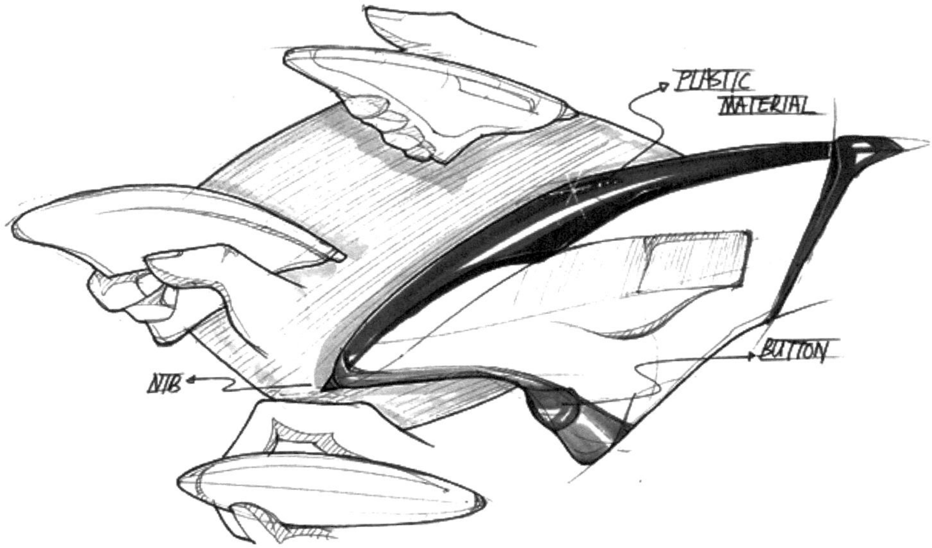


→ 전개된 아이디어 스케치 중에서 디자인 콘셉트나 방향에 맞는 안을 선정하여 렌더링 진행한다.

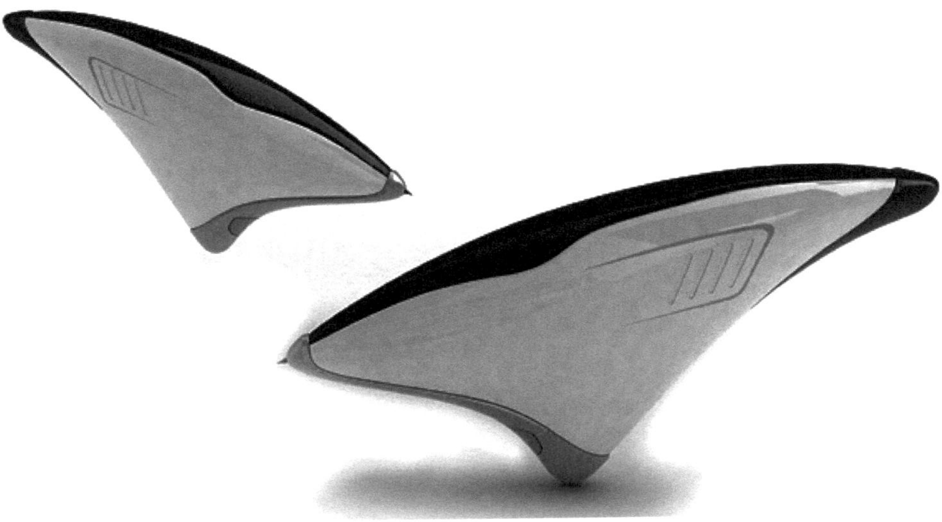

### ❸ 발상 사례 2

① **대상물 선정**

디자인 대상물로 **'가습기'**를 선정합니다.

② **아이디어 기록**

준비된 게시용 용지를 사용해 각 참가자가 3~5개의 아이디어를 기록하고, 다른 참가자들이 차례로 추가 아이디어를 작성합니다.

③ **아이디어 분류 및 선정**

기록된 모든 아이디어를 큰 주제로 분류한 후, 구체화할 수 있는 아이디어를 선정합니다.

④ **범주별 정리 및 스케치 진행**

선정된 아이디어를 형태(Shape), 색상(Color), 표시창(Display) 등으로 나누어 정리하고, 이를 기반으로 콘셉트를 도출하여 디자인 스케치를 진행합니다. 이때 범주 분류는 디자인 대상에 맞게 유연하게 적용할 수 있습니다.

⑤ **3D 렌더링(Rendering) 진행**

최종 선택된 아이디어 스케치를 바탕으로 3D 렌더링(Rendering)을 진행하여 디자인을 시각적으로 완성합니다.

## ➔ 브레인라이팅을 이용한 가습기 아이데이션(Ideation)

### STEP 1. 게시용 용지를 사용하여 한 사람이 3~5개의 아이디어를 기록한다.

| | | | | |
|---|---|---|---|---|
| ·서랍형 디스크(DISK) | ·심플한 육면체의 Shape | ·노즐의 분리 가능 | ·컨트롤부를 심미적으로 표현 | ·매직 Display 방식 |

### STEP 2. 한 사람이 기록한 아이디어에 다음 사람이 추가적으로 아이디어를 기록한다.

| | | | | |
|---|---|---|---|---|
| ·서랍형 디스크(DISK)<br>·편리한 세척<br>·간편한 분리<br>·단순한 조작부(DIAL WHEAL)<br>·가습량을 물방울 모양으로 시각화 | ·심플한 육면체의 Shape<br>·가장 익숙하고 기본적인 작동<br>·직관적인 INTERFACE<br>·마이? 방식의 컨트롤부<br>·밝고 투명한 Display | ·노즐의 분리 가능<br>·CARBON 재질로 고급스러움 표현<br>·SWAROVSKI 패턴 사용<br>·HYBRID 방식 구조의 가습기<br>·SMART한 기능의 Display | ·컨트롤부를 심미적으로 표현<br>·자연적인 느낌의 Shape<br>·나뭇잎 모양 형상화<br>·친환경적 컬러 사용<br>·조약돌 모양 모티프 | ·매직 Display 방식<br>·자석 서랍 방식(반자동)<br>·HOLE TYPE NOZEL<br>·휴대용 가습기<br>·감성적인 LED 라이팅 |

### STEP 3. 최종적으로 취합된 아이디어를 큰 카테고리로 분류한다.

| FUTURE ORIENTED | MODERN CLEAN | SMALL LUXURY | ECO FRIENDLY | EMOTIONAL HOLIC |
|---|---|---|---|---|
| ·서랍형 디스크(DISK)<br>·편리한 세척<br>·간편한 분리<br>·단순한 조작부(DIAL WHEAL)<br>·가습량을 물방울 모양으로 시각화<br>·살균량을 LED로 량을 표시<br>·UFO INSPIRATION<br>·알루미늄 무광재질 사용<br>·세련된 느낌의 디자인<br>·심플하고 깔끔한 ○○○○ | ·심플한 육면체의 Shape<br>·가장 익숙하고 기본적인 작동<br>·직관적인 INTERFACE<br>·마이? 방식의 컨트롤부<br>·밝고 투명한 Display<br>·이물질 확인 용이<br>·외부공기흡입부로 포인트화<br>·깔끔한 외관 커버 디자인<br>·반투명 재질을 이용하여 물의 양 확인 가능<br>·사용하기 편한 위치의 컨트롤부 | ·노즐의 분리 가능<br>·CARBON 재질로 고급스러움 표현<br>·SWAROVSKI 패턴 사용<br>·HYBRID 방식 구조의 가습기<br>·SMART한 기능의 Display<br>·도자기 재질 느낌으로 고급스러움 표현<br>·고급스러운 재질과 패턴 사용<br>·직관적인 조형성의 디자인<br>·은은한 TOUCH LIGHTING<br>·컨트롤부의 시각적 표현(팩트) | ·컨트롤부를 심미적으로 표현<br>·자연적인 느낌의 Shape<br>·나뭇잎 모양 형상화<br>·친환경적 컬러 사용<br>·조약돌 모양 모티프<br>·자연스러운(인위적이지 않은) 비대칭라인 사용<br>·자연의 원색적인 컬러 강조<br>·타제품과의 조화로움<br>·인테리어 효과<br>·자연의 조형물에서 차용 | ·매직 Display 방식<br>·자석 서랍 방식(반자동)<br>·HOLE TYPE NOZEL<br>·휴대용 가습기<br>·감성적인 LED 라이팅<br>·감성적인 조형물 모티프<br>·구조의 시각적인 표현<br>·깨끗한 WHITE 컬러 사용<br>·입출시 물 새는 것 방지<br>·가습 필름지를 이용한 방식 |

### STEP 4. 분류된 카테고리 중 아이디어를 선택한다.

| FUTURE ORIENTED | MODERN CLEAN | SMALL LUXURY | ECO FRIENDLY | EMOTIONAL HOLIC |
|---|---|---|---|---|
| ·서랍형 디스크(DISK)<br>**·편리한 세척**<br>·간편한 분리<br>·단순한 조작부(DIAL WHEAL)<br>·가습량을 물방울 모양으로 시각화<br>**·살균량을 LED로 량을 표시**<br>·UFO INSPIRATION<br>·알루미늄 무광재질 사용<br>·세련된 느낌의 디자인<br>·심플하고 깔끔한 ○○○○ | ·심플한 육면체의 Shape<br>**·가장 익숙하고 기본적인 작동**<br>·직관적인 INTERFACE<br>**·마이? 방식의 컨트롤부**<br>·밝고 투명한 Display<br>·이물질 확인 용이<br>·외부공기흡입부로 포인트화<br>**·깔끔한 외관 커버 디자인**<br>·반투명 재질을 이용하여 물의 양 확인 가능<br>·사용하기 편한 위치의 컨트롤부 | ·노즐의 분리 가능<br>·CARBON 재질로 고급스러움 표현<br>·SWAROVSKI 패턴 사용<br>·HYBRID 방식 구조의 가습기<br>**·SMART한 기능의 Display**<br>·도자기 재질 느낌으로 고급스러움 표현<br>·고급스러운 재질과 패턴 사용<br>**·직관적인 조형성의 디자인**<br>·은은한 TOUCH LIGHTING<br>·컨트롤부의 시각적 표현(팩트) | ·컨트롤부를 심미적으로 표현<br>·자연적인 느낌의 Shape<br>·나뭇잎 모양 형상화<br>·친환경적 컬러 사용<br>·조약돌 모양 모티프<br>·자연스러운(인위적이지 않은) 비대칭라인 사용<br>·자연의 원색적인 컬러 강조<br>·타제품과의 조화로움<br>**·인테리어 효과**<br>·자연의 조형물에서 차용 | ·매직 Display 방식<br>·자석 서랍 방식(반자동)<br>·HOLE TYPE NOZEL<br>·휴대용 가습기<br>**·감성적인 LED 라이팅**<br>**·감성적인 조형물 모티프**<br>·구조의 시각적인 표현<br>·깨끗한 WHITE 컬러 사용<br>·입출시 물 새는 것 방지<br>·가습 필름지를 이용한 방식 |

| Future Oriented | Modern Clean | Small Luxury | Eco Friendly | Emotional Holic |
|---|---|---|---|---|
| · 편리한 세척<br>· 살균량을 LED로 정도 표시 | · 가장 익숙하고 기본적인 작동, 마이콩 방식의 컨트롤부<br>· 깔끔한 외관 커버 | · SMART한 기능의 Display<br>· 직관적인 조형성의 디자인 | · 인테리어 효과 | · 감성적인 LED 라이팅<br>· 감성적인 조형물 모티프 |

▼

선택한 아이디어를 바탕으로 스케치를 진행한다.

| Shape | Color | Display |
|---|---|---|
| · 편리한 세척<br>· 깔끔한 외관 커버 디자인<br>· 직관적인 조형성의 디자인<br>· 감성적인 조형물 모티프 | · 인테리어 효과<br>· 감성적인 LED 라이팅 | · 살균량을 LED로 정도 표시<br>· 기장 익숙하고 기본적인 작동<br>· 마이콩 방식의 컨트롤부<br>· SMART한 기능의 Display<br>· 직관적인 조형성의 디자인 |

| **콘셉트(Concept)** |
|---|
| 기장 익숙하고 기본적인 작동<br>인테리어 효과<br>감성적인 조형물 모티프 |

– 브레인라이팅에서 나온 아이디어 기록 중 선정된 아이디어를 형태(Shape), 색상(Color), 표시창(Display), 콘셉트(Concept)의 범주로 정리한다.

→ 도출된 최종 콘셉트에 따라 아이디어 스케치를 진행한다.

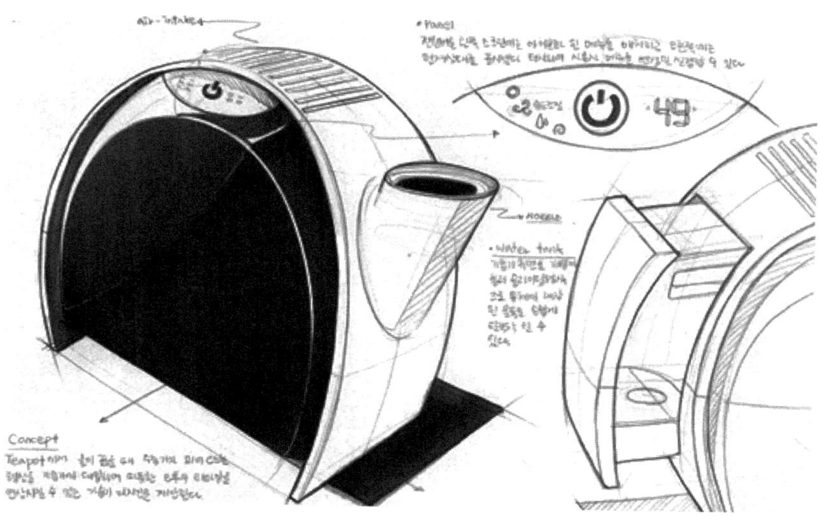

→ 전개된 아이디어 스케치 중에서 디자인 콘셉트나 방향에 맞는 안을 선정하여 렌더링 진행한다.

# 3. 365 아이디어 발상법

브레인라이팅은 각 참가자가 3장의 메모지에 아이디어를 기록한 후, 이를 옆 사람에게 전달하며 새로운 아이디어를 추가하거나 발전시키는 방식입니다. 이 과정에서 참가자 6명이 5분 동안 아이디어를 반복적으로 추가하며 다수의 창의적인 아이디어를 도출할 수 있습니다.

## 365아이디어 발상법

### ❶ 방법

① **아이디어 기록**

구성원들에게 메모지를 3장씩 나누어 주고, 각자가 5분 동안 한 장에 하나의 아이디어를 기록합니다.

② **아이디어 전달**

5분 후, 작성된 아이디어 용지를 옆 사람에게 전달합니다.

③ **아이디어 발전**

받은 사람은 기존에 적힌 아이디어를 발전시키거나 새로운 연관 아이디어를 기록합니다.

④ **반복 작성**

자기 아이디어 용지가 다시 돌아올 때까지 이 과정을 반복하며 계속 아이디어를 추가합니다.

⑤ **아이디어 선정**

회의를 통해 생성된 모든 아이디어 중 10개를 선정합니다.

⑥ **최종 선택**

선정된 10개의 아이디어 중 최종적으로 3개를 선택합니다.

## ❷ 발상 사례 1

### ① 주제 선정

**'칫솔'**을 디자인 주제로 선정합니다.

### ② 아이디어 기록

참가자들에게 메모지 3장을 나누어 주고, 한 장당 하나의 아이디어를 작성하도록 합니다.

### ③ 아이디어 전달

작성된 메모지를 옆 사람에게 전달합니다.

### ④ 아이디어 발전

받은 사람은 기존 아이디어를 발전시키거나 연관된 아이디어를 기록합니다.

### ⑤ 아이디어 검토 및 선정

자신의 메모지가 모두 돌아오면, 기록된 아이디어를 검토하고 회의를 통해 최종 아이디어를 선정합니다.

### ⑥ 스케치 진행

최종 선정된 아이디어를 바탕으로 디자인 스케치를 진행합니다.

### ⑦ 3D 렌더링(Rendering) 진행

스케치에서 도출된 아이디어를 기반으로 3D 렌더링(Rendering)을 진행하여 최종 디자인을 완성합니다.

### ➜ 365아이디어 발상법을 이용한 칫솔 아이데이션(Ideation)

| | | |
|---|---|---|
| · 가족 칫솔이 구분되도록 만들어 졌으면 좋겠다.<br>· 이름보다는 컬러나 외형 크기별로 치약 끝부분을 엄마, 아빠, 아이 모양으로 꾸민다.<br>· 손의 잡는 느낌을 생각했으면 좋겠다. | · 외형적인 형태나 칫솔의 형태가 아니라 인테리어 소품 분위기<br>· 칫솔은 세울 수 있도록 하여 인테리어 분위기<br>· 칫솔 꽃이 필요 없도록 칫솔꽂이를 뚜껑으로 활용할 수 있게<br>· 칫솔을 세울 수 있고 치약이 안에 들어가는. 기존 재질이 아닌 특별한 재질 | · 입 행굴 때 위생적으로 칫솔 내려놓을 수 있는 거치대<br>· 칫솔모를 보호할 수 있는 뚜껑을 실리콘 케이스로 하여 물컵으로 변형 가능한<br>· 물 컵에 통풍이 될 수 있는 기능<br>· 물컵을 세척 가능 하도록 위생적이게 사용해야함<br>· 물기를 뺄 수 있도록 거치할 수 있으면 좋겠다. |
| · 물이 차는 케이스 구멍 내서 물 빠지면 좋겠다.<br>· 물때가 안 끼는 재질<br>· 진동 효과로 털어버리기<br>· 실리콘 케이스로 해서 세척에 용이 유연하게 뒤집혔으면 좋겠다.<br>· 플라스틱을 반으로 분리해 쉽게 세척 가능 하도록 | · 치간 칫솔을 가지고 다닐 수 있는 공간이 필요<br>· 칫솔 잡는 부분에 통을 만들어 넣어 다니기<br>· 손잡이 밑에 공간이 있어야 함<br>· 칫솔 뒷면에 치실 롤링 가지고 다니기 | · 칫솔 챙길 때 가족용으로 붙여서 챙길 수 있는 기능(장난감 레고)<br>· 약간의 자석으로 단단히 붙인다.<br>· 가족 칫솔이 모여 하나의 형타가 만들어졌으면. (캐릭터, 간단한 형태)<br>· 끝에 구부리는 부분이 있어서 도시 |
| · 세워 놓을 수 있는 칫솔-아래를 무겁게 만든다.<br>· 오뚜기의 기능을 가져오면 될 것 같다.<br>· 밑에 뚜껑이 있어도 될 것 같다.<br>· 칫솔을 반으로 분리하여 뚜껑 만들기<br>· 치약을 칫솔 손잡이 쪽에 넣기 | · 백태를 제거하기 위한 형태를 추가 칫솔 뒤에 치석 제거와 혀를 닦을 수 있는 기능 추가<br>· 칫솔 밑면에 부채꼴 형식의 혀를 닦는 기능 접이식으로 만들기<br>· 칫솔 앞뒤로 뚜껑 가능하게 해서 손잡이 가능<br>· 뒷면에 백태제거(작게) | · 입 냄새의 주범인 혀! 칫솔에 혀를 닦는 기능이 있으면 좋겠다.<br>· 칫솔 손잡이를 링 형식으로 백태 제거 구조물로 만든다.<br>· 그 칫솔 손잡이가 뚜껑이 되도륵 칫솔 뒷면에 이 닦는 도구 합치기 |
| · 칫솔과 치약이 합쳐진 형태<br>· 치약을 끝까지 쓸 수 있도록 도와주는 칫솔<br>· 칫솔 뒤에 치약을 짜는 구멍을 만들어 치약 짜기<br>· 칫솔 아래에 치약을 삽입<br>· 칫솔 밑에서 치약이 나올 수 있도록 만든다. | · 볼펜처럼 똑딱이 형식으로 칫솔이 나오는 형식<br>· 보관 중 건조가 될 수 있는 기능<br>· 똑딱이로 ON/OFF가 가능<br>· 치약도 똑딱이로 나오면 일정한 양이 나올 수 있어서 좋겠다.<br>· 똑딱이일 때 또 다른 뚜껑이 필요할 것 같다. | · 치약이 케이스에서 차지하는 부피를 감소<br>· 치약의 크기를 줄이거나 다양한 방법으로 칫솔에 합체<br>· 치약을 뚜껑으로 만들고 칫솔을 꽂아 다니고 다님<br>· 그 치약 뚜껑이 칫솔 사용 시 손잡이로 이용<br>· 치약이 얇고 길어서 알 수 있도록 |
| · 살균 기능을 할 수 있는 칫솔<br>· 케이스 말고 칫솔 뒤에 돌려서 가능하게<br>· 칫솔모를 보호하는 뚜껑이 살균 효과가 있으면 좋겠다.<br>· 칫솔이 조립식이면 뚜껑에 살균기능을 넣으면 될 것 같다.<br>· 칫솔 케이스에 살균기능 부여한다. | · 칫솔의 부피를 줄일 수 있도록 칫솔을 겹치거나 분리<br>· 분리해 뚜껑을 활용<br>· 칫솔 손잡이 겸 뚜껑 치약을 끝까지 쓸 수 있는 로테이트 형 칫솔 | · 주사기형 치약<br>· 아동용이라고 생각하고 치약을 짜는 조절이 힘든 아이들을 위한 디자인<br>· 주사기형일 때 안에 내용물이 있으면 치약을 짤 때 힘이 들 수 있다.<br>· 주사기형으로 짤 때 한번 사용할 수 있는 양을 정해서 나왔으면 좋겠다.<br>· 아이용 어른용으로 나눴으면 좋겠다. |

→ 도출된 최종 콘셉트에 따라 아이디어 스케치를 진행한다.

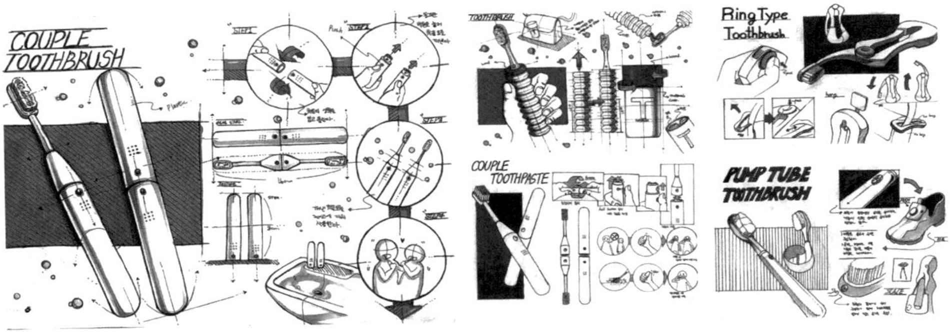


→ 전개된 아이디어 스케치 중에서 디자인 콘셉트나 방향에 맞는 안을 선정하여 렌더링 진행한다.

### ❸ 발상 사례 2

① **아이디어 발상**

**'욕실용 용기'**를 주제로 설정하고, 365 아이디어 발상법을 활용해 다양한 아이디어를 생성합니다.

② **아이디어 검토 및 선정**

발상한 아이디어들을 검토한 후, 최종적으로 선정할 아이디어를 결정합니다.

③ **아이디어 전달 및 발전**

선정된 아이디어를 용지에 적어 다음 사람에게 전달하고, 용지를 받은 사람은 기존에 적혀 있던 아이디어를 발전시키거나 연관된 새로운 아이디어를 기록합니다.

④ **콘셉트 정리 및 스케치**

수렴된 의견을 바탕으로 디자인 콘셉트를 정리하고, 정리된 콘셉트를 기반으로 아이디어 스케치를 진행합니다.

⑤ **3D 렌더링(Rendering) 진행**

최종적으로 선택된 아이디어 스케치를 바탕으로 3D 렌더링을 진행하여 디자인 결과물을 완성합니다.

→ 365 아이디어 발상법을 이용한 욕실용 용기 아이데이션(Ideation)

| 구분 | 내용 |
|---|---|
| 최종 아이디어 | 스마트 샴푸 통(Shampoo bottle)<br>사용자 두피의 상태와 모발의 상태를 점검하여 샴푸의 양과 성분을 조절하는 샴푸 통 |
| 의견 | · 샴푸를 제조하는 것도 좋으나 머리에 사용되는 다른 제품들로 구성이 되어도 좋을 것 같다.<br>· 샤워할 때 사용하는 제품들로 구성<br>· 두피를 체크하는 제품과 샴푸 통을 어떻게 연결할 것인지 고민해야 할 것 같다.<br>· 욕실에서 사용하는 제품에 결합하면 좋을 것 같다.<br>· 단순한 제품에 너무 많은 기능이 들어가 가격이 비쌀 것 같다.<br>· 샴푸 외에 다른 용도로 사용할 수 있으면 좋겠다. |
| 디자인 방향 | 친환경 샴푸 펌핑기(Pumping machine)<br>샴푸 통의 뚜껑(펌프질) 부분을 이용하여 사용자의 두피와 모발 상태를 체크하고 통에 뚜껑을 닫으면 샴푸의 양을 자동으로 조절하여 화학제품의 과용을 막는 환경보호를 고려한 제품 |

→ 도출된 최종 콘셉트에 따라 아이디어 스케치를 진행한다.

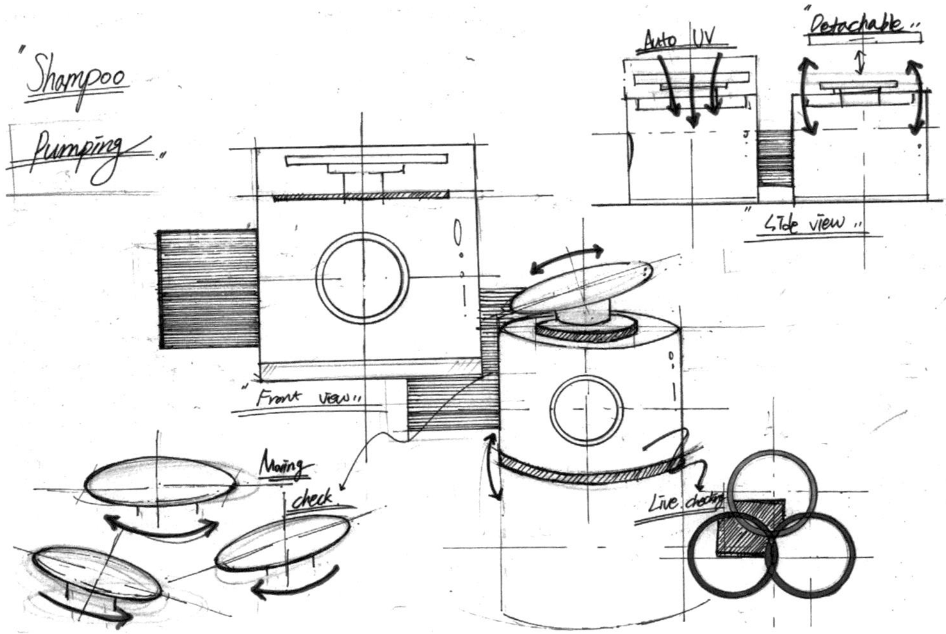


→ 전개된 아이디어 스케치 중에서 디자인 콘셉트나 방향에 맞는 안을 선정하여 렌더링 진행한다.

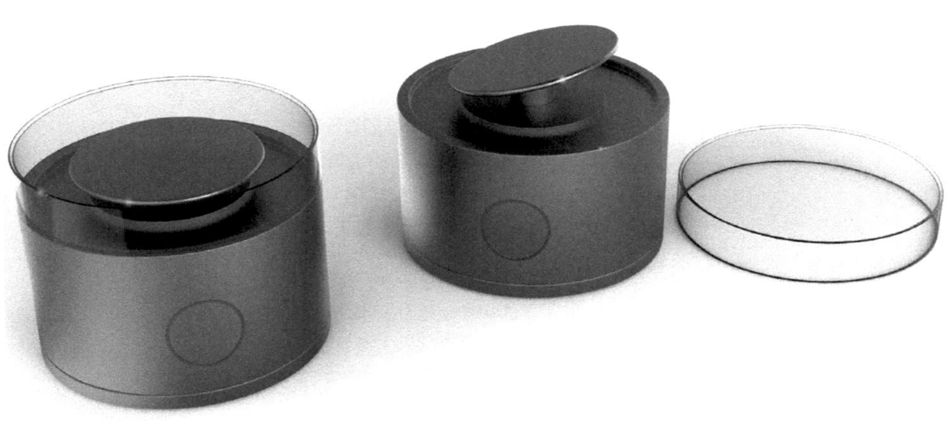

# 4. 만다라트
## (Mandal–Art)

**Mandal–Art: 창의적 발상을 위한 기법**

Mandal–Art는 일본의 디자이너 이마이즈미 히로아키가 개발한 발상 기법으로, Manda(목적을 달성하다)와 Art(기술)가 결합된 용어입니다.

- Manda + la: '목적을 달성한다'는 의미
- Manda + Art: '목적을 달성하는 기술'을 뜻합니다.

이 기법은 인간의 뇌 구조에 적합한 방식으로 설계되어, 머릿속의 정보와 아이디어의 힌트를 거미줄 모양으로 확장해 내도록 유도합니다. 참가자가 많을수록 더 많은 아이디어가 도출되며, 다양한 아이디어 조합을 통해 새로운 창의적 해결책을 발견할 가능성이 높아집니다.

### 만다라트(Mandal–Art) 아이디어 발상 기법

**❶ 방법**

① **기본 틀 작성**

9개의 칸으로 나누어진 정사각형을 그립니다.

② **최종 목표 설정**

만다라트 중앙 칸에 최종 목표를 적습니다.

③ **첫 번째 아이디어 작성**

최종 목표를 중심으로 주변의 여덟 칸에 주제와 관련된 아이디어를 자유롭게 적습니다.

④ **작성 방향 설정**

왼쪽에서 오른쪽으로 시계 반대 방향으로 아이디어 A부터 H까지 회전하며 작성합니다.

⑤ **소주제별 확장**

채워진 여덟 개의 아이디어를 소주제로 삼아, 각각에 대한 구체화 방법이나 세부적인 아이디어를 주변 칸에 추가로 적습니다.

### ❷ 규칙

- 만다라트는 브레인스토밍과 유사한 방식으로 진행됩니다.
- 9개의 칸 중 가운데 칸에 주제를 적고, 그 주변으로 아이디어를 확장해 나갑니다.
- 주변에 퍼져 나간 단어는 다시 새로운 중심이 되어 또다시 9칸의 틀로 확장 가능합니다.

**만다라트(Mandal-Art)의 발상 방식**

만다라트는 브레인스토밍과 비슷한 방식으로, 머릿속에 떠오르는 아이디어를 그대로 적되 빙고 모양의 9칸을 활용하여 확장해 나가는 기법입니다.

① 중앙 주제 작성: 9개의 칸 중 가운데 칸에 중심이 되는 주제를 적습니다.

② 주변 아이디어 확장: 중앙 주제를 기반으로, 주변 8개의 칸에 주제와 관련된 단어를 작성하며 아이디어를 확장해 나갑니다.

③ 새로운 중심으로 확장: 각 주변 칸의 단어가 새로운 중심 주제가 되어 다시 9칸의 빙고를 작성하며 아이디어를 더욱 발전시켜 나갑니다.

### ❸ 발상 사례 1

**① 키워드 추출**

만다라트 법을 사용하여 **'텀블러'**를 주제로 키워드를 자유롭게 추출합니다.

**② 콘셉트 선정**

추출된 키워드 중 '다이어트'를 주요 콘셉트로 설정하고, 보조 키워드로 '티인퓨저(Tea Infuser)'와 '그립감'을 선택합니다.

**③ 아이디어 스케치**

'기능성 티 인퓨저 텀블러'라는 콘셉트를 바탕으로 디자인 아이디어를 스케치합니다.

**④ 3D 렌더링(Rendering) 진행**

최종적으로 선택된 아이디어 스케치를 기반으로 3D 렌더링(Rendering)을 진행하여 디자인을 완성합니다.

→ 만다라트 법을 이용한 텀블러 아이데이션(Ideation)

| | | | | | | | | |
|---|---|---|---|---|---|---|---|---|
| 액체 | 온도 | 흐른다 | 길다 | 세척 | 선다 | 스트랩 | 그립감 | 무게 |
| 음료 | **물** | 얼음 | 안전 | **원기둥** | 데굴데굴 | 결로현상 | **휴대성** | 가방 |
| 용량 | 차 | 커피 | 그립감 | 직육면체 | 떨어진다 | 크기 | 손잡이 | 수납 |
| 보온 | 보냉 | 온도표시 | **물** | **원기둥** | **휴대성** | 보온 | 투명 | 플라스틱 |
| 티 인퓨저 | **기능** | 용량 확인 | **기능** | **텀블러** | **재질** | 미끄럼 방지 | **재질** | 스테인리스 |
| 알약 보관 | 쓰러짐 방지 | 쉐이커 | **패턴** | USER | **뚜껑** | 내구성 | 무게 | 실리콘 |
| 패키지 | 로고 | 심플 | 학생 | 직장인 | 유아 | 입구 | 샌다 | 입술 |
| 트렌드 | **패턴** | 색 | 다이어트 | USER | 스포츠맨 | 세척 | **뚜껑** | 거름망 |
| 캐릭터 | 일러스트 | 포인트 | 운전자 | 판촉물 | 카페 | 빨다 | 티백 | 분리 |

→ 도출된 최종 콘셉트에 따라 아이디어 스케치를 진행한다.

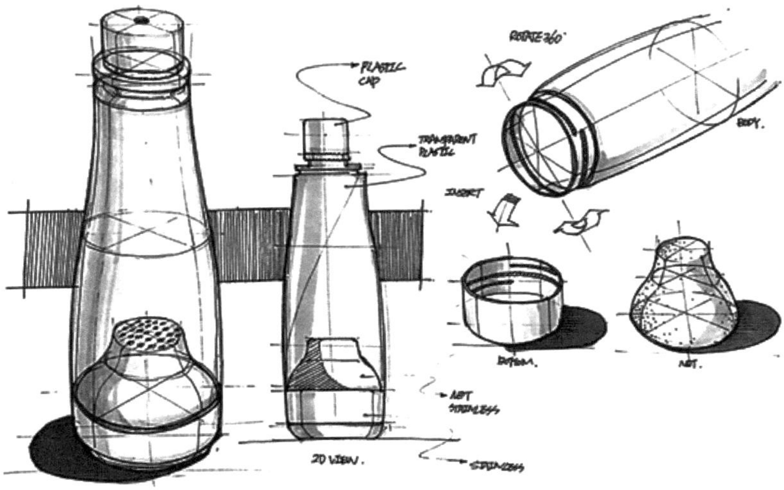


→ 전개된 아이디어 스케치 중에서 디자인 콘셉트나 방향에 맞는 안을 선정하여 렌더링 진행한다.

### ❹ 발상 사례 2

#### ① 키워드 추출

만다라트 기법을 사용하여 **'반려동물 가구'**를 주제로 아이디어와 키워드를 자유롭게 발상합니다.

② **최종 키워드 선정**

추출된 키워드 중에서 '수납', '냄새', '편안함', '좌식'을 최종 키워드로 선택합니다.

③ **디자인 방향 설정 및 아이디어 스케치**

디자인 방향 1: 반려동물의 냄새와 오물을 처리할 수 있는 살균 및 방향제 기능 추가
디자인 방향 2: 혼자 사용하는 공간에서 다양한 기능을 포함한 넓은 공간 설계
위 방향성을 기반으로 아이디어 스케치를 진행합니다.

④ **3D 렌더링(Rendering) 진행**

최종적으로 선택된 아이디어 스케치를 바탕으로 3D 렌더링을 진행하여 구체적인 디자인 결과물을 완성합니다.

➜ 만다라트법을 이용한 반려동물 가구 아이데이션(Ideation)

| 수납 | 장난감 | 3단 | 배설물 | 밀폐 | 밥그릇 | 냄새 | 옷 | 습기 |
|---|---|---|---|---|---|---|---|---|
| 손잡이 | **수납장** | 잡동사니 | 냄새 | **개집** | 방석 | 옷걸이 | **옷장** | 수납 |
| 간식 | 귀중품 | 책 | 보금자리 | 아늑함 | 장난감 | 행거 | 거울 | 스타일러 |
| 휴식 | 편안함 | 안마의자 | **수납장** | **개집** | **옷장** | 매트리스 | 돌침대 | 물침대 |
| 흔들의자 | **의자** | 높이조절 | **의자** | **반려동물 가구** | **침대** | 편안함 | **침대** | 스프링 |
| 책상 | 좌식 | 팔걸이 | **쇼파** | **캣타워** | **식탁** | 베개 | 부드러운 | 푹신함 |
| 거실 | 접이식 | TV | 복잡한 구조 | 높음 | 고양이 | 조명 | 밥 | 원형 |
| 가죽 | **쇼파** | 쿠션 | 놀이터 | **캣타워** | 원목 | ㅈ방 | **식탁** | 의자 |
| 1인 쇼파 | 편안함 | 잠 | 활동 | 미끄럼틀 | 계단 | 음식물 | 아일랜드 식탁 | 좌식 |

→ 도출된 최종 콘셉트에 따라 아이디어 스케치를 진행한다.

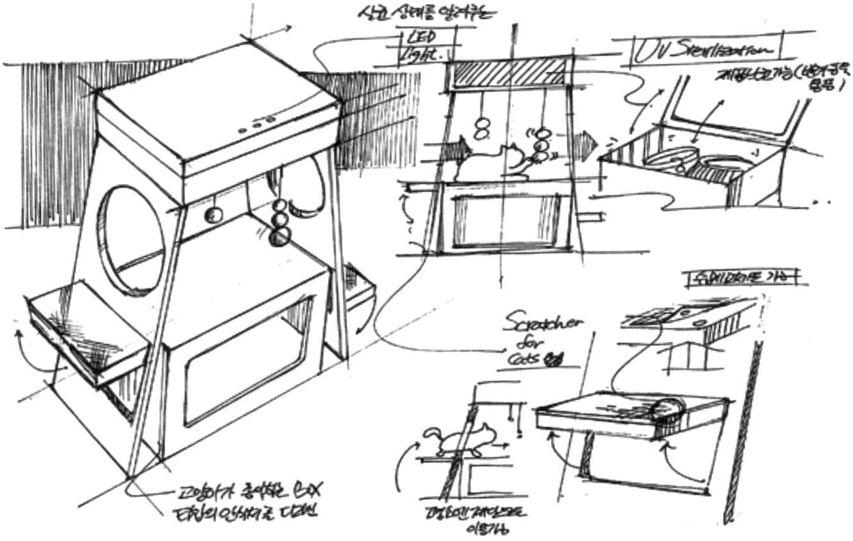


→ 전개된 아이디어 스케치 중에서 디자인 콘셉트나 방향에 맞는 안을 선정하여 렌더링 진행한다.

# 5. 마인드맵

## (Mind Map)

### 마인드맵(Mind Map)의 정의와 특징

마인드맵은 1971년 영국의 토니 부잔(Tony Buzan)에 의해 창시된 학습 이론으로, 이후 세계적인 두뇌 관련 석학들로부터 찬사를 받아왔습니다.

이 기법은 핵심어, 이미지, 색상 등을 공간적으로 배치하여 아이디어를 시각화하는 방식입니다. 이러한 작성 방식은 인간의 두뇌 특성과 유사한 점이 많아 두뇌 계발과 밀접하게 연관되어 있습니다. 마인드맵을 활용하면 좌뇌와 우뇌를 균형적으로 활성화해 두뇌의 기능을 최대한 발휘할 수 있도록 돕습니다. 이는 창의력, 문제해결 능력, 기억력 향상 등에 효과적인 방법으로 널리 사용되고 있습니다.

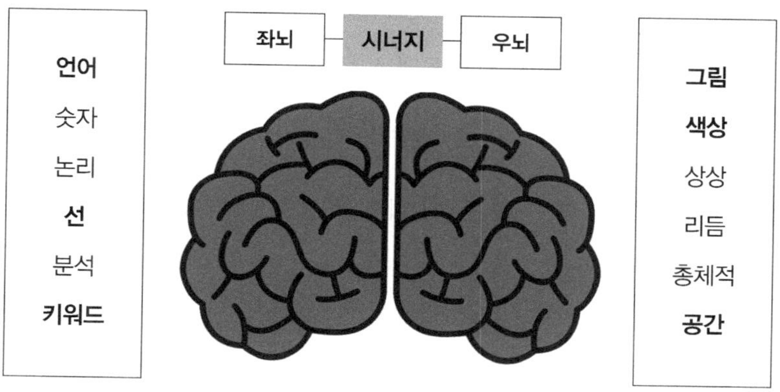


| 좌, 우뇌의 기능

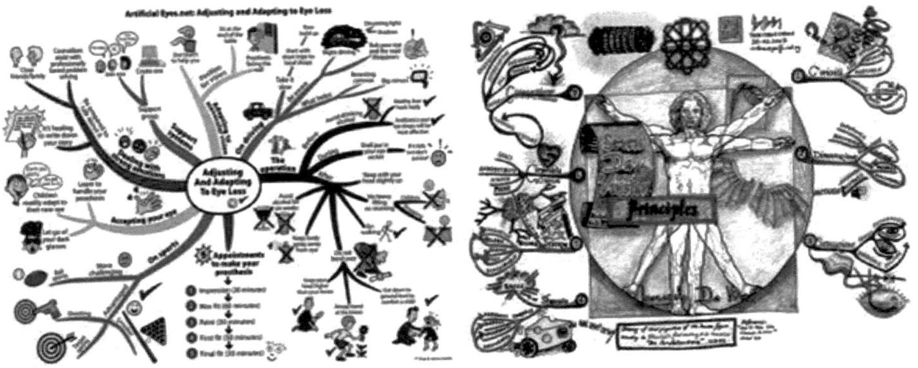


| 마인드맵 작성의 예 (출처: https://www.mindmapart.com/galleries/thum-cheng-cheong/)

**마인드맵 작성 방법**

마인드맵을 작성하는 방식은 매우 다양합니다. 글, 그림, 다이어그램 등 자신에게 편리한 형식으로 작성하면 됩니다. 중요한 것은 아이디어 발상에 적합하고 자유로운 방식으로 정보를 시각화하여 창의성을 극대화하는 것입니다.

### 마인드맵(Mind map)

#### ❶ 목적

- 순서 없는 복잡한 생각들을 빠짐없이 빠르게 기록할 수 있습니다.
- 전체 내용을 한눈에 파악할 수 있습니다.
- 창의적 사고가 자극됩니다.
- 암기와 회상력(回想力)이 향상됨과 동시에 학습효과가 향상됩니다.

#### ❷ 규칙

- 중심 주제를 가운데 두고 방사형 가지에 핵심어로 기록합니다.
- 중심 주제는 한 개의 단어나 이미지로 작성합니다.
- 중심 주제로부터 떠오르는 새로운 생각을 작성합니다.
- 키워드로부터 떠오르는 새로운 핵심어/이미지를 기록합니다.
- 연상된 결과물을 연결하여 새로운 생각으로 발전시켜 기록합니다.

## ❸ 발상 사례 1

### ① 마인드맵 작성

**'컵'**을 대상으로 선정하고, '친근한(Friendly)'을 키워드로 마인드맵을 작성하여 아이디어를 확장합니다.

### ② 아이디어 분류

마인드맵에서 도출된 아이디어를 형태(Shape), 장소(Location), 기능(Function), 재질(Material), 사용자(User)의 범주로 분류합니다.

### ③ 적용할 수 있는 요소 검토 및 콘셉트 확정

분류된 아이디어를 토대로 적용할 수 있는 요소들을 검토한 후 최종 콘셉트를 확정합니다.

### ④ 아이디어 스케치 진행 및 표현

확정된 콘셉트에 맞춰 아이디어 스케치를 진행하고, 구체적으로 표현합니다.

### ⑤ 3D 렌더링(Rendering) 진행

최종적으로 선택된 아이디어 스케치를 바탕으로 3D 렌더링을 진행하여 완성된 디자인을 시각화합니다.

→ 마인드맵을 이용한 컵 아이데이션(Ideation)

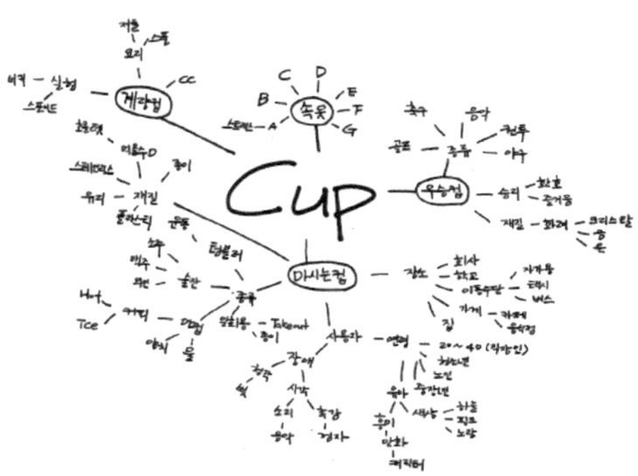

친근함(Friendly)은 행동에서의 친절함, 분위기에서의 상냥함, 다정함, 친숙함, 친구 같은 관계를 뜻하며, 따뜻한 느낌을 주는 것을 의미하고 이를 바탕으로 아이디어를 발상합니다.

### 3가지 카테고리를 활용한 콘셉트 설정

- 구멍: '구멍'에 해당하는 아이템을 고려하여 아이디어를 도출합니다.
- 압축: '압축'의 특성을 활용한 디자인 아이템과 연결된 발상을 진행합니다.
- 자연: '자연'의 느낌과 관련된 아이디어를 확장합니다.

이 3가지 카테고리를 기반으로 콘셉트를 설정하고, 아이디어 스케치를 통해 디자인을 구체화합니다.

| Category | Item |
|---|---|
| 구멍 | 단순한 이미지 → 재미있는 인체 이용 |
| 압축 | 보관 개선 → 압축을 이용한 휴대성 |
| 자연 | 자연적 소재 이용 |
| **콘셉트(Concept)**<br>형태 변형을 통해 사용자의 입장에서 디자인하여 사용성을 증대시킨다. | |

➔ 3가지의 카테고리(구멍, 압축, 자연)에 해당하는 아이템에 맞도록 콘셉트를 정하여 아이디어 스케치를 진행한다.

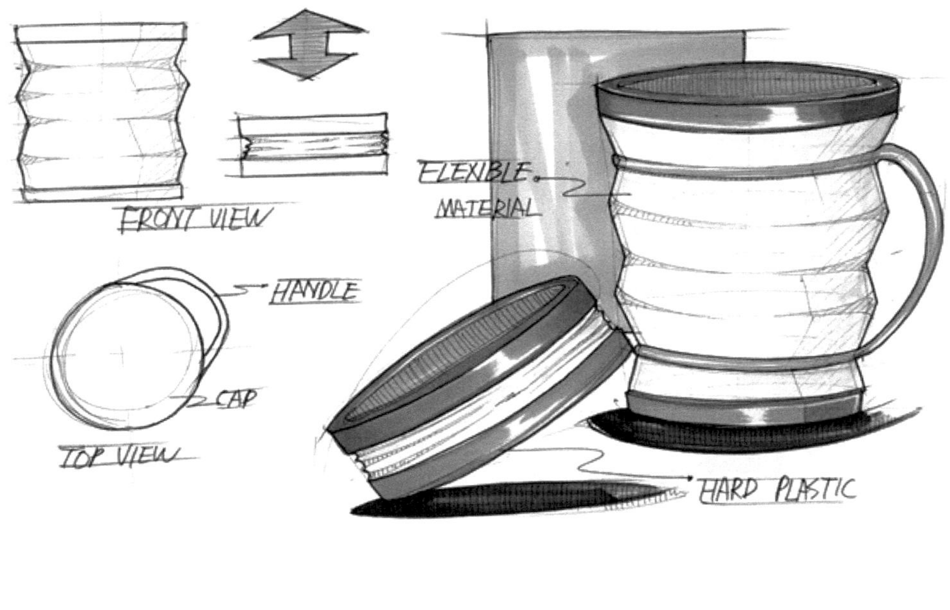

→ 전개된 아이디어 스케치 중에서 디자인 콘셉트나 방향에 맞는 안을 선정하여 렌더링 진행한다.

### ❸ 발상 사례 2

① **대상물 선정**

'세탁기'를 주제로 선택하여 아이디어 발상을 시작합니다.

② **아이디어 분류**

마인드맵을 활용하여 도출된 아이디어를 서랍(Drawer), 컨트롤 패널(Control Panel), 문(Door)의 범주로 분류합니다.

③ **요소 검토 및 콘셉트 확정**

분류된 아이디어를 기반으로 적용할 수 있는 요소를 검토하고, 최종적으로 디자인 콘셉트를 확정합니다.

④ **아이디어 스케치 및 그래픽 표현**

확정된 콘셉트를 토대로 아이디어 스케치를 진행하며, 추가적인 기능이나 특성을 그래픽 형태로 표현하여 구체화합니다.

⑤ **3D 렌더링(Rendering) 진행**

선택된 아이디어 스케치를 기반으로 3D 렌더링(Rendering)을 진행하여 실질적인 디자인을 시각적으로 구현합니다.

## → 마인드맵을 이용한 세탁기 아이데이션(Ideation)

| ① 중심주제는 한 개의 단어나 이미지로 작성한다. | ② 중심주제로부터 떠오르는 새로운 키워드를 작성한다. |
|---|---|
|  |  |
| ③ 키워드로부터 떠오르는 새로운 핵심이미지를 기록한다. | ④ 연상된 결과물을 연결하여 새로운 생각으로 발전시켜 기록한다. |
| 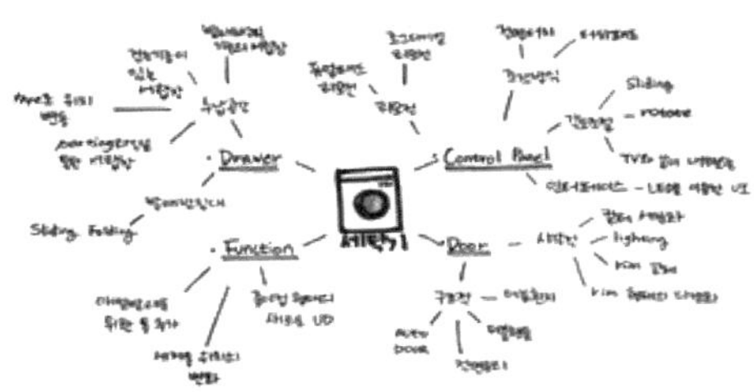 | 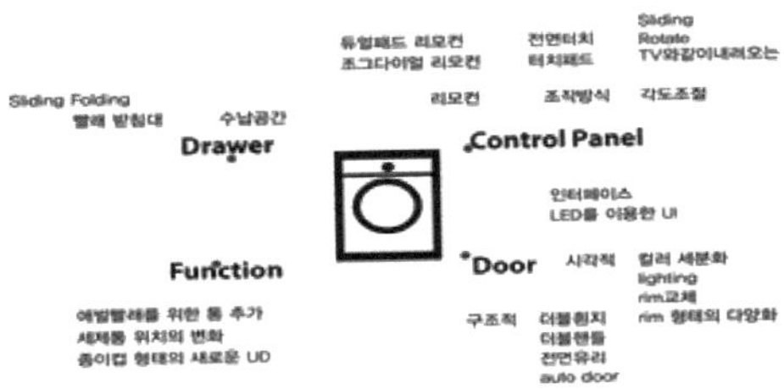 |

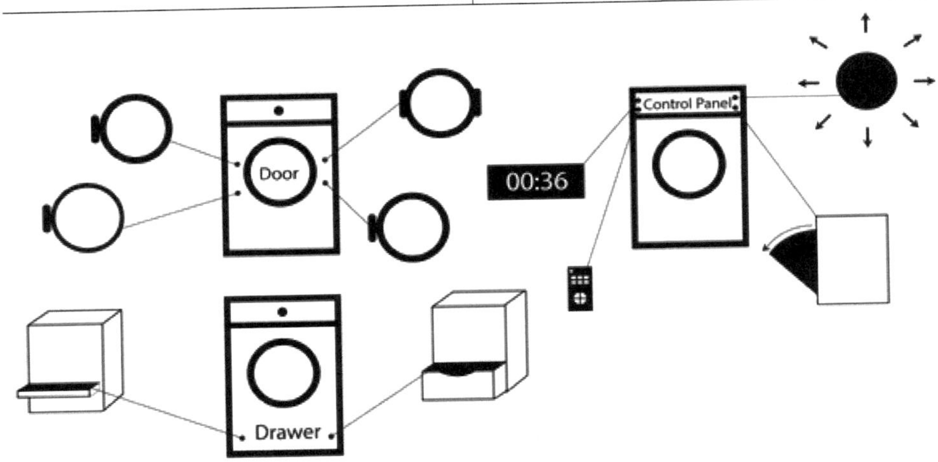

→ 도출된 최종 콘셉트에 따라 아이디어 스케치를 진행한다.

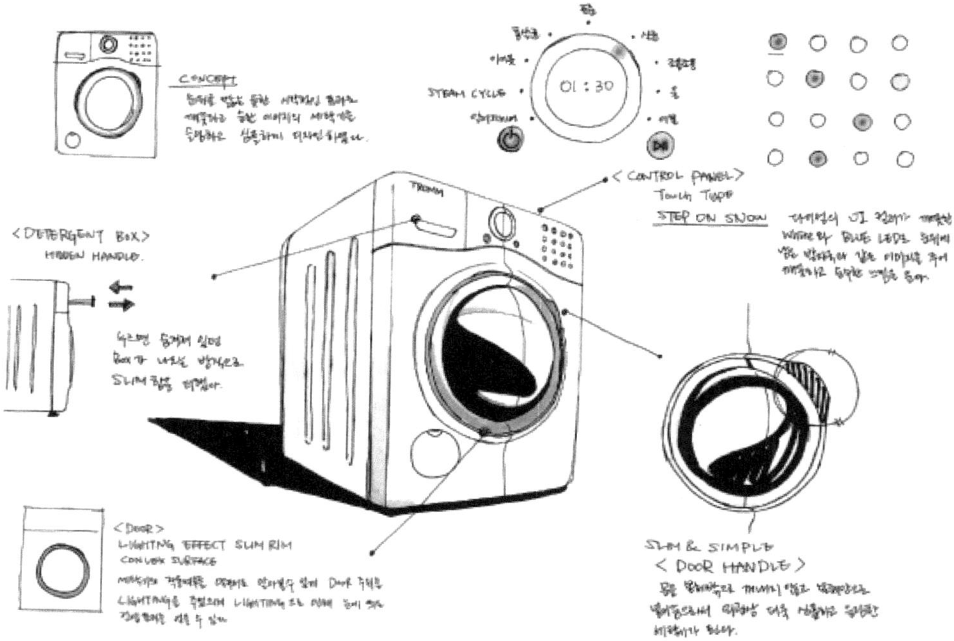


→ 전개된 아이디어 스케치 중에서 디자인 콘셉트나 방향에 맞는 안을 선정하여 렌더링 진행한다.

# 6. KJ법

(KJ Method)

### KJ법: 창조적 문제해결을 위한 기법

KJ법은 일본의 문화인류학자 기와기타 지로(도쿄 공과대학 교수)에 의해 창안되었으며, 시그마 품질 관리(Quality Control) 도구로 널리 활용되고 있습니다.

이 기법은 다음과 같은 절차를 포함합니다.

- 회의에서 나온 발언이나 시장 조사 자료를 항목별로 카드에 하나씩 기록한다.
- 기록한 카드를 섞은 후, 비슷한 느낌을 주는 내용끼리 그룹으로 분류한다.
- 각 그룹에 내용 표시를 하고, 비슷한 소집단끼리 다시 그룹화하는 작업을 반복한다.
- 정리된 내용을 토대로 그림 또는 문장으로 표현하며 사고를 발전시켜 나간다.

### KJ법의 활용 방법

KJ법은 창조적 아이디어 발상법으로, 문제의 전체적인 구조를 알기 어려운 상황에서 효과적입니다.

- 다양한 각도에서 개별 자료를 수집, 조합, 구조화하는 과정을 통해 문제의 본질을 발견할 수 있습니다.
- 이를 통해 창의적인 해결책을 도출하고, 복잡한 문제를 체계적으로 정리하는 데 도움을 줍니다.

### KJ법은 어떻게 사용하는가?

KJ법은 창조적 아이디어 발상법으로, 전체적인 문제를 명확히 알지 못하는 상황에서도 유용한 접근 방식입니다. 이 방법은 다양한 각도에서 수집된 개별 자료를 조합하고 구조화하는 과정을 통해 문제의 본질을 발견할 수 있도록 도와줍니다.

이를 통해 창의적이고 체계적인 방식으로 문제를 분석하며, 복잡한 정보를 효과적으로 정리하여 해결책을 도출할 수 있습니다. 비슷한 아이디어를 그룹화하고, 이를 반복적으로 재구성하며 점차 구체적인 해결 방향으로 사고를 발전시키는 것이 핵심입니다.

| STEP 1 \| 브레인스토밍 | · 혼자하는 것은 의미가 없다. 반드시 모두가 브레인스토밍에 참가한다. |
|---|---|
| STEP 2 \| 노트 모음 | · 각자 작성한 것을 한 곳으로 모은다. 모두가 볼 수 있도록 겹치지 않게 붙여 놓는다. |
| STEP 3 \| 아이디어 그룹별 편성 | · 기록된 카드를 그룹핑을 한다. 단, 모두가 동의하는 것만 그룹핑을 하고 남는 것은 따로 둔다.<br>· 각각의 그룹에 별도의 그룹핑의 이유를 달고 그룹의 이름을 붙인다. |
| STEP 4 \| 프리젠테이션 | · 정리가 된 상태로 큰 종이에 그림을 그리고 계열화, 구조화하여 프리젠테이션을 하고 토론한다.<br>· 참여자들의 의견을 골고루 수렴하여 결과를 공유한다. |
| 규칙 | · 붙일 수 있는 카드(포스트잇) 사용하기 · 8명 이상이 참여하는 것<br>· 그룹에 데이터가 많아지면 나누기 · 한 단어로 된 카드를 쓰는 것<br>· 가능한 한 아이디어를 명확히 하기 · 참여자 모두 준비된 후 분류 하는 것 |

## KJ법 규칙 및 프로세스

### ❶ 규칙

① 카드 만들기: 카드 한 장에 하나의 아이디어만을 기록합니다.

② 카드 배열: 기록이 끝난 카드는 카드 놀이하듯 펼쳐놓습니다.

③ 그룹 편성: 비슷한 느낌을 주는 카드들끼리 소그룹으로 묶습니다.

④ 그룹 확정: 이 과정을 반복하여 최종적인 그룹을 확정합니다.

### KJ법 활용 시 유의 사항 및 방법

**공간 확보**

그룹별로 카드를 배열할 수 있는 충분한 작업 공간을 마련해야 합니다. 카드를 자유롭게 분류하고 재구성할 수 있도록 넉넉한 공간을 확보하는 것이 중요합니다.

**시각화 도구 활용**

아이디어를 발전시키는 과정에서 그림이나 문장을 활용하는 것이 효과적입니다. 이를 통해 아이디어를 구체화하고 더 명확하게 정리할 수 있습니다.

## ❷ 발상 사례 1

① **브레인스토밍 진행**

디자인 대상물로 **'컵'**을 선정한 후, 자유롭게 다양한 아이디어를 제시하며 브레인스토밍을 진행합니다.

② **아이디어 기록**

브레인스토밍에서 도출된 아이디어를 카드(포스트잇)에 하나씩 기록합니다.

③ **아이디어 그룹화 및 구체화**

모든 아이디어 카드를 비슷한 것끼리 묶어 그룹화하고, 각 그룹에서 구체화할 수 있는 아이디어를 선정하며 재배열 과정을 반복합니다.

④ **영역별 분류**

아이디어를 이미지, 기능, 기타, 결함 등 큰 영역별로 나누어 정리합니다. 이미지는 11가지, 기능은 3가지로 세분화하여 구체화합니다.

⑤ **아이디어 결합 및 스케치**

분류된 아이디어를 결합하여 결함을 최소화하고, 이를 기반으로 스케치를 진행합니다.

⑥ **3D 렌더링(Rendering) 진행**

최종적으로 선택된 아이디어 스케치를 바탕으로 3D 렌더링을 수행하여 디자인 결과물을 완성합니다.

→ KJ법을 이용한 컵 아이데이션(Ideation)

**8명 이상의 인원이 모여 모두가 브레인스토밍에 참가한다.**

| ① 카드 만들기<br>카드 하나에 하나의 아이디어만을 기록한다. | ② 카드 배열<br>기록이 끝난 카드는 카드 놀이하는 것과 같이 펴놓는다. |
|---|---|
| 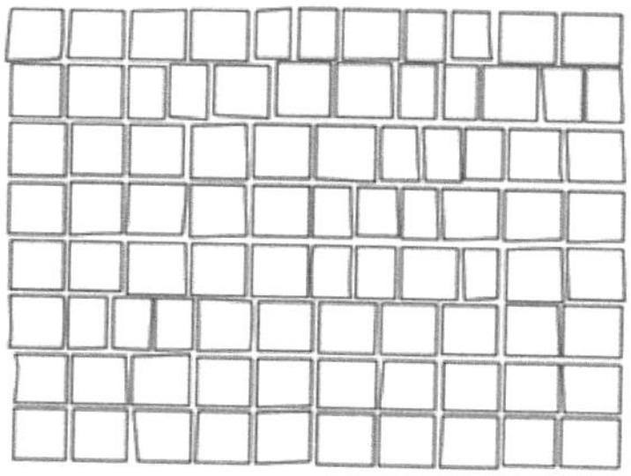 |  |
| ③ 그룹 편성<br>비슷한 느낌을 주는 카드들끼리 모아 소그룹을 만든다. | ④ 이런 과정을 몇 차례 거치면 최종적인 그룹이 만들어 진다. |
| 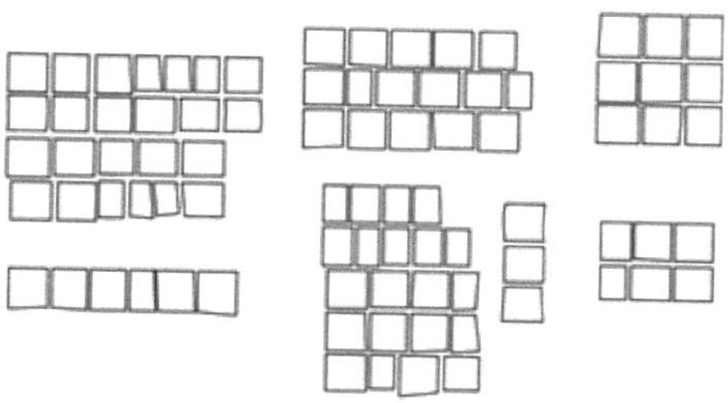 |  |



| Function | Shape | Problem |
|---|---|---|
| · 화목함: 가족, 애인, 자연<br>· 익숙함: 침대, 장난감<br>· 친근함: 친구, 애완동물, 어린시절의 추억 | · **보관:** 여러잔을 한꺼번에 따르기, 다같이 함께 나눌 수 있는 컵<br>· **온도:** 과자를 담을 수 있는 컵, 보온유리<br>· **분리:** 분리되는 컵, 접을 수 있는 컵, 그릇과 같이 사용 | · 손에서 미끄러짐<br>· 립스틱 자국이 남음<br>· 무겁다 |

**콘셉트(Concept)**

음악이 나오는 컵

친근함을 위해 어린시절을 연상시킬만한 모양 첨가

→ 도출된 최종 콘셉트에 따라 아이디어 스케치를 진행한다.

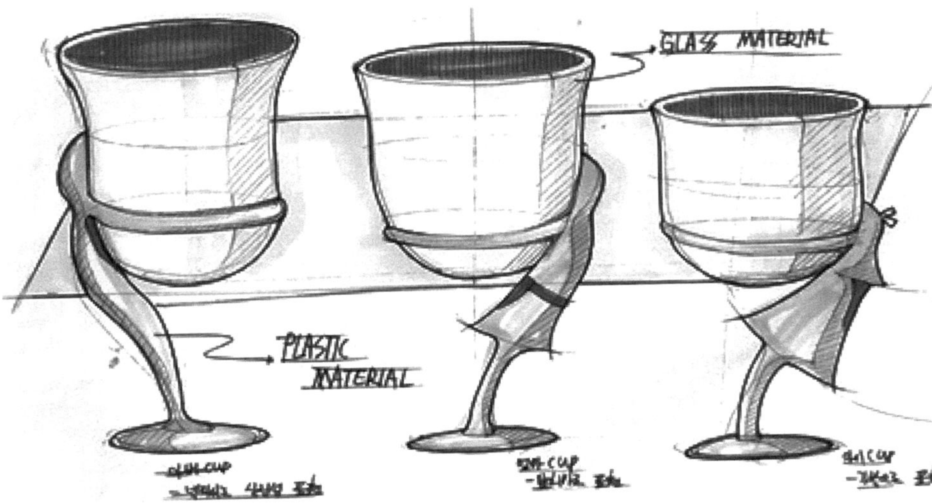


→ 전개된 아이디어 스케치 중에서 디자인 콘셉트나 방향에 맞는 안을 선정하여 렌더링 진행한다.

### ❷ 발상 사례 2

① **브레인스토밍 진행**

**'냉장고'**를 주제로 선정하고, 자유로운 발상으로 다양한 아이디어를 도출합니다.

② **아이디어 기록**

브레인스토밍을 통해 얻은 아이디어를 카드(포스트잇 등 정리가 편한 재료)에 하나씩 기록합니다.

③ **아이디어 그룹화 및 구체화**

기록된 모든 아이디어 카드를 비슷한 느낌을 주는 것끼리 그룹화(Grouping)하고, 그룹 안에서 구체화할 수 있는 아이디어를 선정하고, 재배열 과정을 반복하여 아이디어를 정리합니다.

④ **아이디어 선정 및 분류**

최종적으로 12개의 아이디어를 선정하고 이 아이디어를 다음과 같이 3가지 범주로 분류합니다.

- 기능적 요소: 가장 밀접한 5가지 아이디어
- 형태(외관): 큰 영향을 미치는 4가지 아이디어
- 배열과 디스플레이: 3가지 아이디어

⑤ **스케치 진행**

분류된 아이디어를 바탕으로 스케치를 진행하여 아이디어를 시각적으로 구체화합니다.

⑥ **3D 렌더링(Rendering) 진행**

최종적으로 선택된 스케치를 기반으로 3D 렌더링을 수행하여 완성된 디자인을 시각화합니다.

## ➔ KJ법을 이용한 냉장고 아이데이션(Ideation)

**8명 이상의 인원이 모여 모두가 브레인스토밍에 참가한다.**

① 카드 만들기
카드 하나에 하나의 아이디어만을 기록한다.

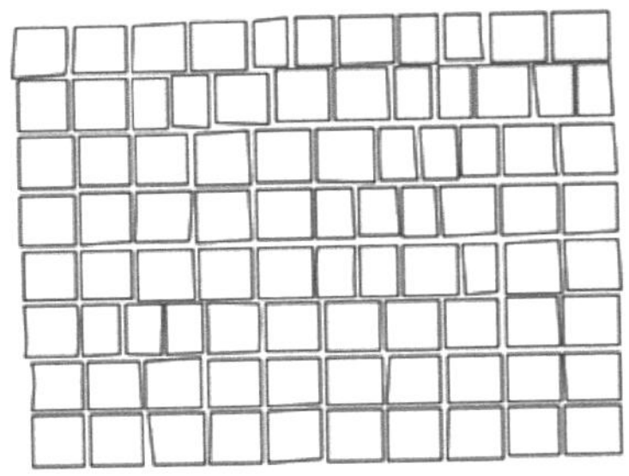

② 카드 배열
기록이 끝난 카드는 카드 놀이하는 것과 같이 펴놓는다.

③ 그룹 편성
비슷한 느낌을 주는 카드들끼리 모아 소그룹을 만든다.

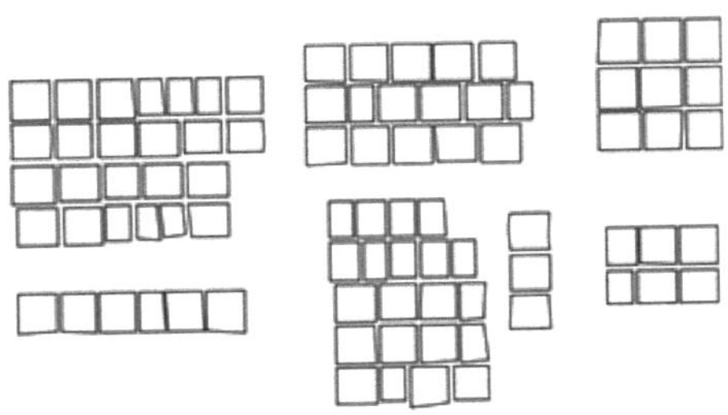

④ 이런 과정을 몇 차례 거치면 최종적인 그룹이 만들어진다.

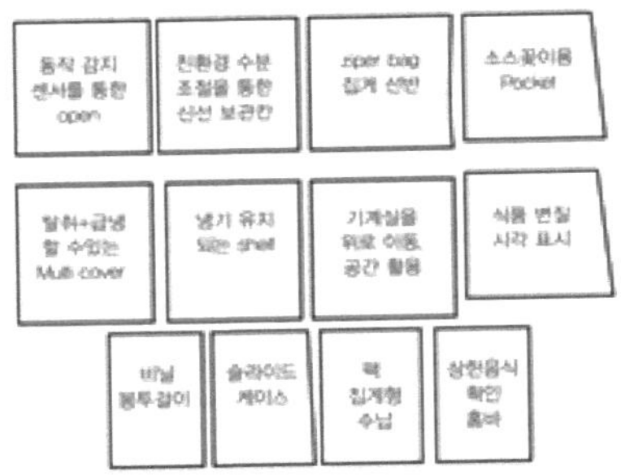

| Function | Shape | Display |
|---|---|---|
| · 소스 꽂이용 Pocket | · 동작 감지 센서를 통한 OPEN | · 기계실을 위로 이동-공간활용 |
| · 친환경 수분조절을 통한 신선 보관함 | · 냉기 유지되는 Shelf | · 식품 변질 시각표시 |
| · Ziploc Bag 집게 선반 | · 비닐 봉투걸이 | · 팩 집게형 수납 |
| · 상한 음식 홈바 | · 슬라이드 케이스 | |
| · 탈취+급냉할 수 있는 Multi cover | | |

**콘셉트(Concept)**
신선보관이 가능, 동작센서를 통한 냉기유지 Shelf
공간활용 극대화 수납방식

➔ 도출된 최종 콘셉트에 따라 아이디어 스케치를 진행한다.

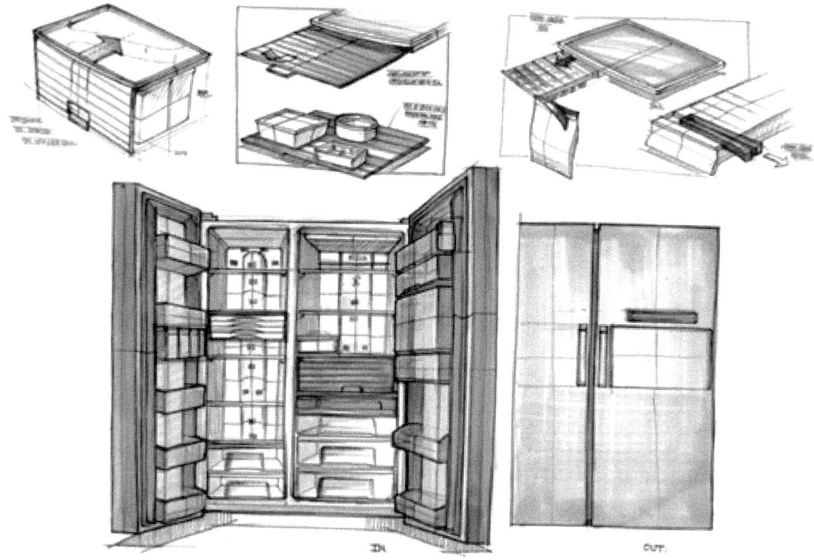

➔ 전개된 아이디어 스케치 중에서 디자인 콘셉트나 방향에 맞는 안을 선정하여 렌더링 진행한다.

# 7. 역 브레인스토밍
## (Inverse Brainstorming)

역 브레인스토밍은 Hotpoint 회사에서 개발한 기법으로, 전통적인 브레인스토밍과 유사하지만, 초점이 다릅니다. 기존 아이디어를 생성하는 대신, 생성된 아이디어를 비판적으로 분석하고 약점을 발견하는 데 사용됩니다.

이 방법은 다음과 같은 점에 중점을 둡니다.

- 아이디어가 가질 수 있는 가능한 약점들을 발견한다.
- 아이디어가 실현될 때 발생할 수 있는 문제점을 예측한다.

역 브레인스토밍은 아이디어를 개선하고 실현 가능성을 높이는 데 매우 효과적인 분석 기법으로 활용됩니다.

### 역 브레인스토밍(Reverse Brainstorming) 활용 과정

**❶ 방법**

**① 평가 참여 구성**

아이디어를 만들어 낸 사람들이 평가 과정에 참여할 수 있도록 합니다. (다른 사람도 참여 가능)

**② 차트 작성 및 고정**

차트 용지에 아이디어 리스트와 함께 목표 및 문제를 기록하고, 잘 보이는 곳에 고정합니다.

**③ 아이디어 비판 기록**

한 사람 또는 여러 사람이 첫 번째 아이디어에 대해 비판을 가하며, 이를 차트 용지에 기록합니다. 첫 번째 아이디어에 대한 비판이 끝나면, 동일한 방식으로 두 번째 아이디어를 비판합니다. 이 과정을 반복하며 모든 아이디어를 검토합니다.

**④ 아이디어 재평가 및 수정**

집단 전체가 비판된 아이디어들을 다시 검토하고, 제시된 비판을 바탕으로 수정 및 개선 작업을 진행합니다.

⑤ **최적 아이디어 선정 및 계획 수립**

– 약점이 적고, 문제를 가장 잘 해결할 수 있는 아이디어를 선택합니다.

– 선택된 아이디어를 실현하기 위한 행위 계획(Action Plan)을 수립합니다.

## ❷ 발상 사례 1

① **대상물 선정**

**'우산'**을 디자인 대상물로 선정합니다.

② **차트 작성 및 고정**

차트 용지에, 우산에 대한 아이디어 리스트와 문제를 기록하고, 잘 보이는 곳에 고정합니다.

③ **아이디어 비판 기록**

한 사람 또는 여러 사람이 첫 번째 아이디어에 대해 비판을 가하며, 이를 차트 용지에 기록하고, 첫 번째 아이디어에 대한 비판이 끝나면, 동일한 방식으로 두 번째 아이디어를 비판하며 모든 아이디어를 검토합니다.

④ **아이디어 재평가 및 구체화**

집단 전체가 아이디어들을 다시 음미하고, 제시된 비판을 고려하여 수정 및 개선 작업을 진행하고, 이 과정을 통해 구체화할 수 있는 최선의 아이디어를 선정합니다.

⑥ **스케치 진행**

선정된 아이디어를 정리하여 스케치를 진행하며, 아이디어를 시각적으로 표현합니다.

⑦ **3D 렌더링(Rendering) 진행**

최종적으로 선택된 스케치를 바탕으로 3D 렌더링을 진행하여 완성된 디자인을 시각화합니다.

→ 역 브레인스토밍을 이용한 우산 아이데이션(Ideation)

| 아이디어 안 | 비판한 안 | 해결안 |
|---|---|---|
| 밤이 되면 밝아지는 우산 | 감전 위험성 | 전기가 통하지 않는 재질의 우산 |
| 음료를 걸어둘 수 있는 우산 | 쏟을 위험이 있음 | 컵 받침이 부착된 우산 |
| 우산 끝이 안전한 형태 | 어딘가에 세워놓기 불편함 | 끝이 뭉툭한 형태의 우산 |
| 세워 놓을 수 있는 우산 | 들고 다니기 불편할 수 있음 | 접이식으로 받침대가 나오는 우산 |
| 천이 아닌 바람으로 비를 밀어내는 우산 | 위험 | 사용자의 손에 닿지 않는 우산 |
| 2인용 우산 | 너무 무거워짐 | 필요시에만 확장되는 우산 |
| 물이 빠르게 건조되는 우산 | 소음 발생 | 스스로 회전하면서 비를 털어내는 우산 |
| 우산살이 위험하지 않은 우산 | 유연한 재질을 사용할 때 손상 위험이 있음 | 기존 우산살에 실리콘 재질을 입힌 우산 |
| 손잡이를 뽑으면 손전등이 되는 우산 | 우산을 들고 다니기가 어려움 | 손잡이에 손전등 기능 되는 우산 |
| 편리한 빗 물 제거 및 도난 방지 우산 | 자물쇠를 잃어버릴 위험이 있음 | 손잡이 자체가 자물쇠가 될 수 있는 우산 |

→ 도출된 최종 콘셉트에 따라 아이디어 스케치를 진행한다.

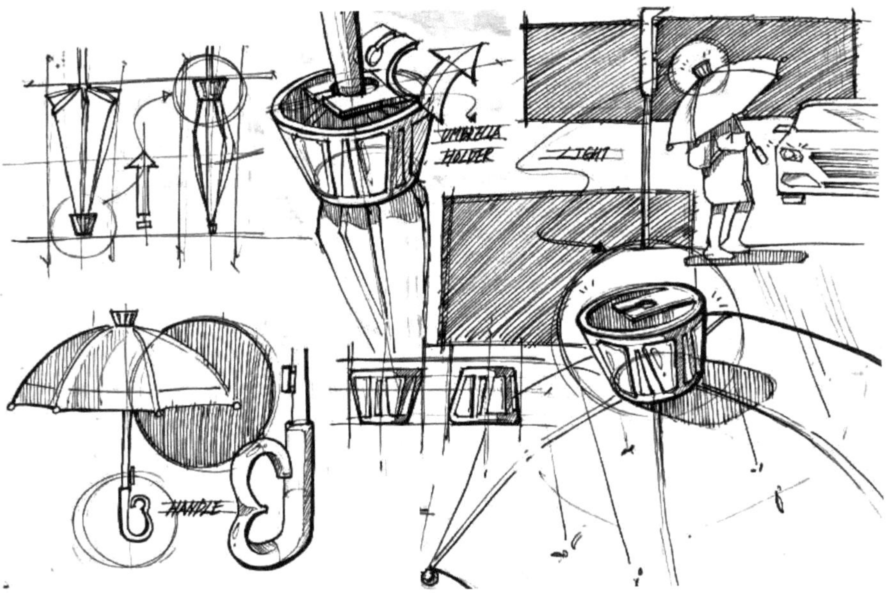

→ 전개된 아이디어 스케치 중에서 디자인 콘셉트나 방향에 맞는 안을 선정하여 렌더링 진행한다.

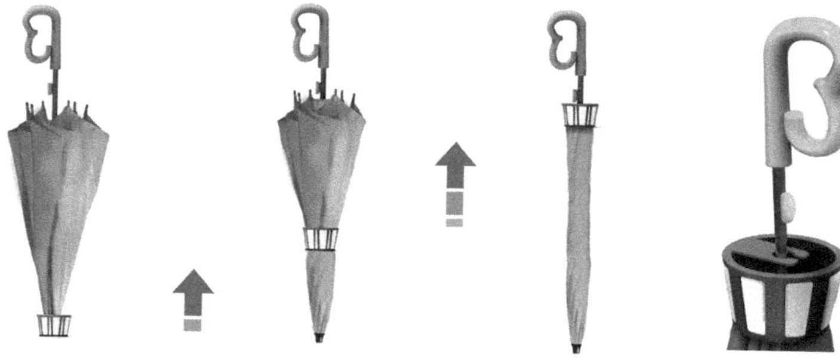

### ❸ 발상 사례 2

① **대상물 선정**

**'선풍기'**를 디자인 대상물로 선정합니다.

② **차트 작성 및 고정**

차트 용지에, 선풍기에 대한 아이디어 리스트와 문제를 기록하고, 잘 보이는 곳에 고정합니다.

③ **아이디어 비판 기록**

한 사람 또는 여러 사람이 첫 번째 아이디어에 대해 비판을 가하고, 이를 차트 용지에 적고, 첫 번째 아이디어의 비판이 끝난 후, 동일한 방식으로 두 번째 아이디어를 검토하며 모든 아이디어를 비판합니다.

④ **아이디어 재평가 및 구체화**

집단 전체가 아이디어들을 다시 음미하고, 제시된 비판을 고려하여 필요시 수정 및 개선을 가하고, 이 과정을 통해 구체화할 수 있는 최선의 아이디어를 선정합니다.

**⑤ 스케치 진행**

선정된 아이디어를 바탕으로 스케치를 진행하여 아이디어를 시각적으로 표현합니다.

**⑥ 3D 렌더링(Rendering) 진행**

최종적으로 선택된 스케치를 기반으로 3D 렌더링을 수행하여 디자인 결과물을 완성합니다.

➔ 역 브레인스토밍을 이용한 선풍기 아이데이션(Ideation)

| 번호 | 아이디어 안 | 비판한 안 |
|---|---|---|
| 1 | 선풍기 날개를 없애 위험을 줄인다. | 가격이 비싸진다. 날개는 덮는 커버 제품이 있다. 위험에 노출되는 사용자가 한정적이다. |
| 2 | 벽에 매립한다. | 회전이 어렵다. 공사비용이 든다. |
| 3 | 여러 개로 분리한다. | 관리가 어렵다. 고장이 많을 것 같다. |
| 4 | 공기 청정, 온도 감지기능 | 크기가 커진다. 경제성이 떨어진다. |
| 5 | 인공지능 | 인공지능으로 만들기에는 기능이 단순하다. |
| 6 | 전기선을 없앤다. | 대체할 연료는 무엇인가? |
| 7 | 보관하기 좋은 형태 | 형태에 제약이 많아진다. 디자인이 너무 단순해진다. |

| 문제점 | 해결책 및 제품 기능설명 |
|---|---|
| · 선풍기날의 청소가 어려우며 시끄럽고 부상의 위험이 있음 | · 선풍기의 날을 제거하고 안쪽면에서 바람이 나올 수 있도록 만듦 |
| · 공간효율성이 적다<br>· 무게가 무거움 | · 선풍기 자체의 몸통을 작게 만들되 더 강한 바람이 나올 수 있도록 설계하였고 선풍기의 날을 제거함으로써 선풍기의 무게를 더욱 가볍게 만듦<br>· 책상에 놓을 수 있게 아래 받침을 만듦과 동시에 벽에 붙여서 사용할 수 있또록 만들어 공간의 효율성을 높임 |
| · 기본 날씨의 온도가 높을 때는 뜨꺼운 바람이 나옴<br>· 먼지와 함께 선풍기가 돌아갈 경우가 많기 때문에 몸에 좋지 않음 | · 방안의 습기로 인해 더 덥다고 느껴질 수 있기 때문에 선풍기 뒤쪽의 구멍으로 방안의 공기를 빨아들여 제습효과를 더해주었고, 빨아들인 습기를 필터링함과 동시에 방향제를 섞어서 앞쪽의 구멍을 통해 보다 맑고 향기로운 수분을 일정한 시간, 일정한 양의 향기를 공급해줌 |
| · 충전에 귀찮음이 있다 | · 휴대폰 충전기로도 호환가능하여 보다 편한 충전이 가능함 |

→ 도출된 최종 콘셉트에 따라 아이디어 스케치를 진행한다.

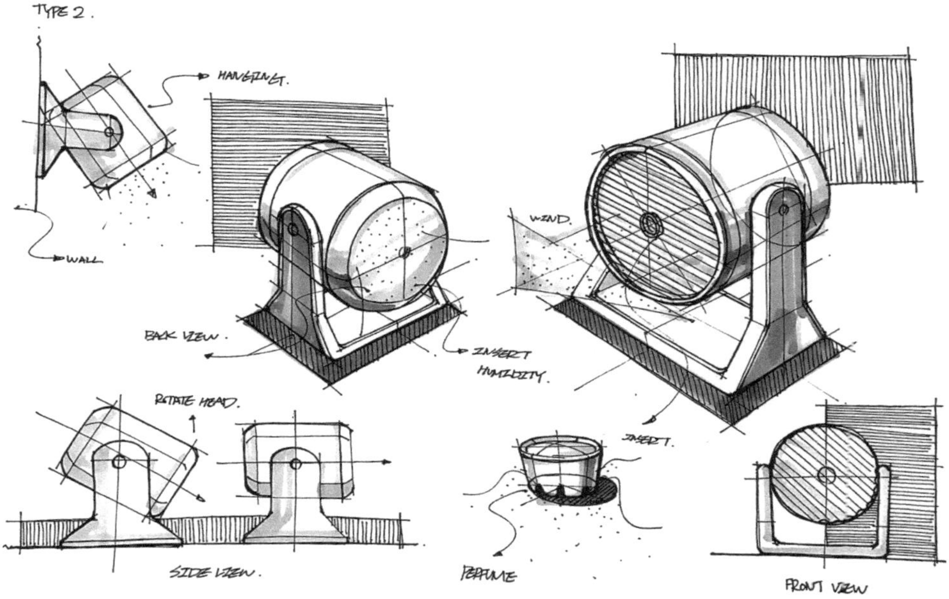


→ 전개된 아이디어 스케치 중에서 디자인 콘셉트나 방향에 맞는 안을 선정하여 렌더링 진행한다.

# 8. 체크리스트
## (Checklist)

체크리스트는 문제를 정확히 인식하거나 새로운 아이디어와 대안을 얻기 위해 활용되는 창의적 발상 기법입니다. 이 방법은 9개의 항목을 선정하여 아이디어를 체계적으로 떠올리는 데 중점을 둡니다. 각 항목은 문제해결이나 아이디어 생성 과정에서 하나의 힌트가 되어 다양한 관점에서 새로운 아이디어를 도출할 수 있도록 돕습니다.

**용도 바꾸기**
- 접착력이 떨어지던 테이프의 용도를 변경하여 만들어지게 된 포스트잇
- 텐트지의 용도를 변경하여 만든 청바지

**적응하기**
- 상어 비늘 피부의 특징을 이용한 전신 수영복
- 옷에 붙는 식물의 특징을 적용한 벨크로

**수정하기**
- 괘종시계 소리 → 뻐꾸기 소리
- 단추 → 지퍼

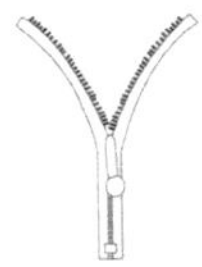

**확대하기**
- 특징을 시각적으로 확대한 스피커

**축소하기**
- 날개를 제거한 날개 없는 선풍기
- 노출 콘크리트

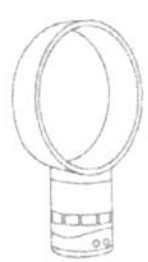

**재배열하기**
- 현금 대신 카드
- QR코드

**변경시키기**
- 글자를 대신하는 픽토그램

**거꾸로하기**
- 수도꼭지의 방향 변환(식수대 → 세면대)

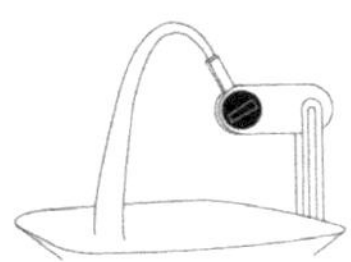

**결합하기**
- 만년필에 볼을 결합한 볼펜

| 새로운 아이디어를 위한 9개 항목의 체크리스트

## 체크리스트(Checklist) 기법 활용 과정

### ❶ 방법

**① 대상 명시**

분석할 제품, 서비스, 또는 문제를 명확히 정의합니다.

**② 체크리스트 활용**

체크리스트에 포함된 동사나 질문 항목을 적용해, 대상의 변화를 유도할 방법을 탐색하고, 발견된 아이디어를 기록합니다.

**③ 아이디어 생성 및 검토**

아이디어가 더 이상 나오지 않을 때까지 반복적으로 과정을 수행합니다.

아이디어 생성이 종료되면 기록된 내용을 검토하고, 미리 설정된 기준에 부합하는 아이디어를 식별합니다.

### ❷ 종류

**① 용도 바꾸기**

새로운 제품을 개발하려는 부담 없이, 현재 상품이나 소재를 다른 용도로 확대하는 방법을 고안합니다. 일상에서 쉽게 접할 수 있는 소재나 제품을 새롭게 바라보는 것이 착안점이 됩니다.

- 현재의 것을 다른 데 사용할 방법은 무엇인가?
- 약간만 수정하면 어디에 새롭게 활용될 수 있는가?
- 이것으로부터 어떤 새로운 제품이나 서비스가 만들어질 수 있는가?
- 재료를 어떤 다른 생산품에 이용할 수 있는가?
- 이것이 어떤 용도로 더 활용될 가능성이 있는가?

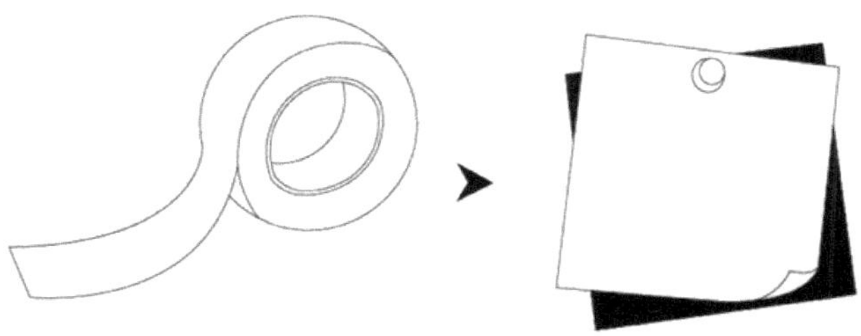

| 포스트잇의 탄생(접착력이 떨어지던 테이프의 용도 변경)

② **적용하기**

다른 것과 닮은 것은 없는가, 무언가 다른 것으로부터 모방할 것은 없는지, 과거에 이와 비슷한 것은 없는지, 다른 아이디어를 빌릴 수 없는지를 찾아가며 아이디어를 도출하는 방법입니다.

- 다른 어떤 것이 여기에 적용될 수 있는가?
- 이것은 무엇을 암시하는가?
- 이것과 비슷한 것은 무엇인가?
- 기존의 아이디어와 유사한 점은 무엇인가?

| 상어의 방패 비늘 피부 → 전신 수영복

③ **수정하기**

의미, 색, 동작, 소리를 수정한다면, 수작업을 동력이나 전기화한다면 어떨지 생각해 가며 아이디어를 발상합니다. 천 커튼을 블라인드 커튼으로 요즈음은 버티컬 커튼으로 전환하여 새로운 수요를 창출합니다.

- 이것을 약간 변화(수정, 변형)시키면 어떻게 될까?
- 어떤 방법으로 더 좋게 변화시킬 수 있을까?
- 의미, 색상, 동작, 음색, 냄새, 형식, 또는 모양을 변화시키면 어떨까?
- 이것을 유선형으로 하면 어떻게 될까?

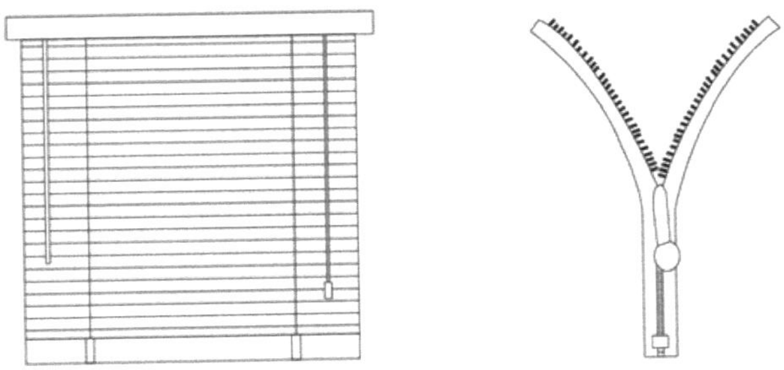

| 롤 블라인드와 지퍼

④ **확대하기**

시간이나 횟수를 늘려보기도 하고 조금 길게 한다든지 여유 있게 해보면서 아이디어를 도출합니다. "소리"의 느낌을 시각적으로 확대하여 제품의 용도를 직관적으로 나타낸 도크(Dock)형 스피커가 많이 등장하였습니다.

| | |
|---|---|
| · 엄청나게 크게 하면 어떨까?<br>· 터무니없이 과장하면 무슨 일이 생길까?<br>· 두 배로 늘리면 어떨까? | · 무엇을 붙여볼까?<br>· 더 강하게(크게) 하면 어떨까?<br>· 무슨 재료를 더 보탤 수 있을까? |

| 특징을 시각적으로 확대한 스피커

⑤ **축소하기**

높이를 낮게 하거나 길이를 짧게 하기도 하고 가볍게 하기도 해보며, 나누기도 하고 작게 하기도 하며 아이디어를 도출합니다. 선풍기에서 날개를 빼서 팬 없는 선풍기가 건물에서는 건축 시 마감을 생략한 노출 콘크리트 방법이 생겨났습니다.

| | |
|---|---|
| · 이것이 더 작아지면 어떨까?<br>· 빼 버릴 수 있는 것은 무엇인가?<br>· 쪼개면(나누면) 어떻게 될까?<br>· 어떻게 더 간소화 할 수 있을까? | · 응축(축소)하면 어떨까?<br>· 보다 낮게(짧게, 가볍게, 적게)하면 떨까?<br>· 더 가볍게 만들면 어떨까?<br>· 무엇을 삭제할 수 있을까? |

| 다이슨 선풍기와 노출 콘크리트 방법을 사용한 건축물

### ⑥ 재배열하기

다른 부품으로 대용하거나, 다른 방법을 사용해 본다거나, 사람이나 요소, 재료를 바꾸어 가며 아이디어를 도출해 봅니다. 현금 대용으로 수표나 카드가 등장했고 정식 사원을 시간제로, 본인이 바쁘면 심부름센터를 이용하는 것도 '재배열하기'에 속한다고 할 수 있습니다.

· 순서를 바꾸면 어떻게 될까?
· 이것을 다른 순서로 할 수는 없는가?
· 이것과 저것을 비교해 볼 때 이것을 어디에 위치시켜야 하겠나?
· 구성 요소들을 상호 교환하면?
· 다른 형식으로 배열하면?
· 다르게 짝지으면?

| 신용카드, 명함을 대신한 QR코드

### ⑦ 변경하기

위치, 장소, 사람, 소재, 표기 방법 등을 바꾸어보면서 아이디어를 발상해 봅니다. 안경을 콘택트렌즈로, 나무통이 양철통으로, 다시 플라스틱으로, 화장실 표지가 글자에서 사람 그림(픽토그램)으로, 엘리베이터 내의 닫힘과 열림이 글자에서 그림(픽토그램) 표기로 발전한 것도 이런 발상에서 얻어진 것들입니다.

· 이것을 저것과 저것을 이것과 바꾸면 어떻게 되겠는가?
· 무엇으로 대신(대치)할 수 있는가?
· 다른 구성 요소(물건)는?
· 처치 방법을 바꾸면?
· 대신할 수 있는 사람(물건)은?

| 안경 → 콘택트렌즈, 문자 → 픽토그램

### ⑧ 거꾸로 하기

뒤로 돌려도 앞으로 가는 자전거, 부하가 상사를 평가하는 상사 평가제, 의사가 가정집을 방문하는 방문 진료 제도 등도 이런 발상에서 얻어진 아이디어들입니다.

- 긍정(+)과 부정(−)을 바꾸어 놓으면?
- 뒤집어 보면?
- 거꾸로 놓으면?
- 다른 쪽은?
- 앞뒤를 바꾸면?
- 이것을 거꾸로 뒤집어 보면?
- 조명을 위에서 아래로 하는 대신 아래에서 위로 하면 어떨까?

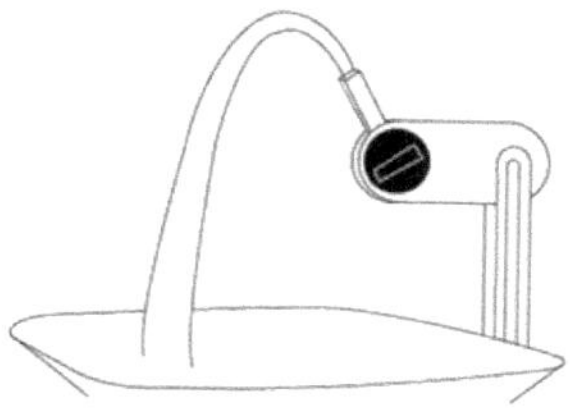

| 수도꼭지의 방향이 아래 → 위

### ⑨ 결합하기

형이상학적인 것과 형이하학적인 것을, 작은 목표와 큰 목표, 목적과 목적, 아이디어에 아이디어를 결합해 보며 새로운 착상을 얻어냅니다. 선천적인 저능아가 아니라면 더하기 빼기를 모르는 사람은 없습니다. 그러나 더하기를 응용할 줄 아는 사람은 극히 드뭅니다. 숫자만 더할 수 있는 것이 아니고 기능과 기능을 더할 수 있고 서비스와 기능을 더할 수 있으며 기술과 기술을 더할 수도 있습니다. 그리고 모든 요소는 다 더할 수 있습니다.

- 어떤 아이디어(물질)들을 연결할 수 있을까?
- 용도를 합치면?
- 모양을 합치면?
- 물건들이 조화를 이루도록 결합하는 방법은 없는가?
- 용도를 늘리기 위하여 무엇을 결합하는 방법은 없는가?

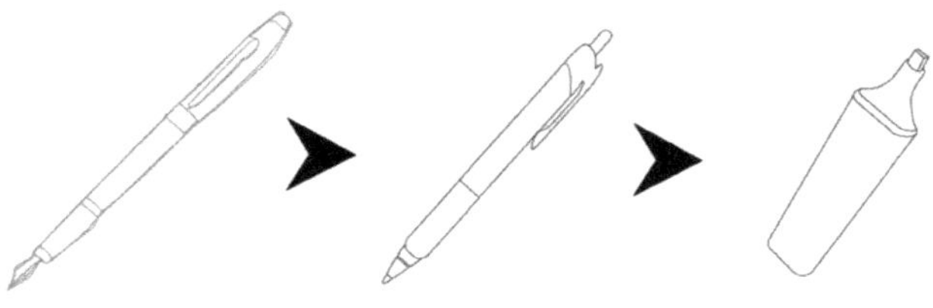

| 만년필 → 볼펜 → 형광펜

예를 들면, 잉크와 펜의 기능을 더해보았더니 만년필이 태어났고 만년필과 전혀 관련이 없는 듯한 볼을 더했더니 볼펜이 되었고 빨간 볼펜과 검은 볼펜을 더했더니 빨간색과 검은색을 동시에 쓸 수 있는 볼펜을 만들 수 있었습니다. 볼펜과 전등을 더해보았더니 어두운 곳에서도 사용할 수 있는 형광펜이 만들어졌고 팩스와 모뎀을 더해보았더니 출력하지 않고 바로 보낼 수 있는 팩스모뎀이 나왔습니다. 텔레비전과 비디오 기능을 더했더니 일체형 텔레비전이, 라디오 기능과 녹음 기능을 더했더니 카세트가 되었으며, Mechanics(기계학)와 Electronics(전자공학)가 더해져서 Mechatronics(기계 전자공학)라는 새로운 분야의 기술이 생겼습니다. 이처럼 더하기만 잘 응용하면 아이디어는 무수히 많습니다. 우선 우리 주변의 것을 무작정 더해보면 예상치 못한 기발한 아이디어가 떠오를 것입니다.

### ❸ 발상 사례 1

**① 대상물 선정 및 탐색**

**'고무신'**을 디자인 대상물로 선택한 후, 고무신과 결합할 수 있는 다양한 아이템을 탐색합니다.

**② 아이디어 결합 및 방향 설정**

탐색한 아이템과 고무신을 결합하여 여러 가지 아이디어 방향을 설정하고 발전시킵니다.

**③ 체크리스트 활용**

체크리스트를 통해 생성된 아이디어 중 구체적으로 실행할 수 있는 아이디어를 선정합니다.

이를 기반으로 스케치를 진행하며, 아이디어를 시각적으로 구체화합니다.

**④ 아이디어 구체화**

축구화 디자인 선정

결합 아이템 중 축구화를 고무신과 결합한 아이디어를 선정합니다.

해당 아이디어를 중심으로 구체적인 디자인 방향을 설정하고 스케치를 진행합니다.

**⑤ 3D 렌더링(Rendering) 진행**

최종적으로 선택된 스케치를 기반으로 3D 렌더링을 수행하여 디자인 결과물을 완성합니다.

→ 체크리스트 법을 이용한 고무신 아이데이션(Ideation)

| ① **다른 용도로의 전환**(Put to other use) | ⑥ **대체**(Substitute) |
|---|---|
| · 분위기 등<br>· 화장실화<br>· 의자 미끄럼 방지용<br>· 건강을 위한 신발(신발 안쪽에 약 성분) | · 파티용 신발로 사용<br>· 수영장 미끄럼방지용 신발로 사용(워터슈즈)<br>· 축구, 스케이트를 할 수 있도록 바닥 교체가 가능한 운동 고무신 |
| ② **채용**(Adapt) | ⑦ **재배열**(Rearrange) |
| · 통굽으로 키 높이 고무신<br>· 발목까지 올라오는 고무신(장화)<br>· 바퀴 달린 고무신<br>· 바닥에 스프링을 달아 놀이용으로 사용<br>· 바닥에 지압 판을 넣은 고무신 | · 일반 신발에 재료를 고무로 사용<br>· 고무신 등에 끈을 달아 묶을 수 있음<br>· 발등 부분을 탈부착할 수 있는 고무신 |
| ③ **수정**(Modify) | ⑧ **전도**(Reverse) |
| · 구멍을 패턴으로 사용<br>· 투명 고무신<br>· 앞코를 다양한 형태로 바꿔 본다.<br>· 발등에 지퍼를 달아 잘 벗겨지지 않도록 한다. | · 좌우 구분이 없는 고무신<br>· 고무신 바닥에 천을 부착한 청소 기능<br>· 앞뒤를 바꿔 신어도 착용이 가능한 고무신<br>· 양말로 신을 수 있는 고무신 |
| ④ **확대**(Magnify) | ⑨ **조합**(Combine) |
| · 그림을 그려 넣어 예술품으로<br>· 발뒤꿈치 부분을 늘려 쿠션감을 준다.<br>· 실내화에 덧신어 밖에서도 사용 | · 야광 기능으로 밤에 어두운 곳에서 쉽게 찾을 수 있음<br>· 신발 바닥에 부드러운 재료로 쿠션감을 줌<br>· 발가락 교정기 + 고무신 |
| ⑤ **축소**(Minify) | |
| · 피부에 닿는 면적을 축소(그물, 망사)<br>· 뒤꿈치를 잘라내 슬리퍼로 사용<br>· 반려동물용 신발<br>· 절반으로 접어 휴대하기 편한 고무신 | |

→ 도출된 최종 콘셉트에 따라 아이디어 스케치를 진행한다.

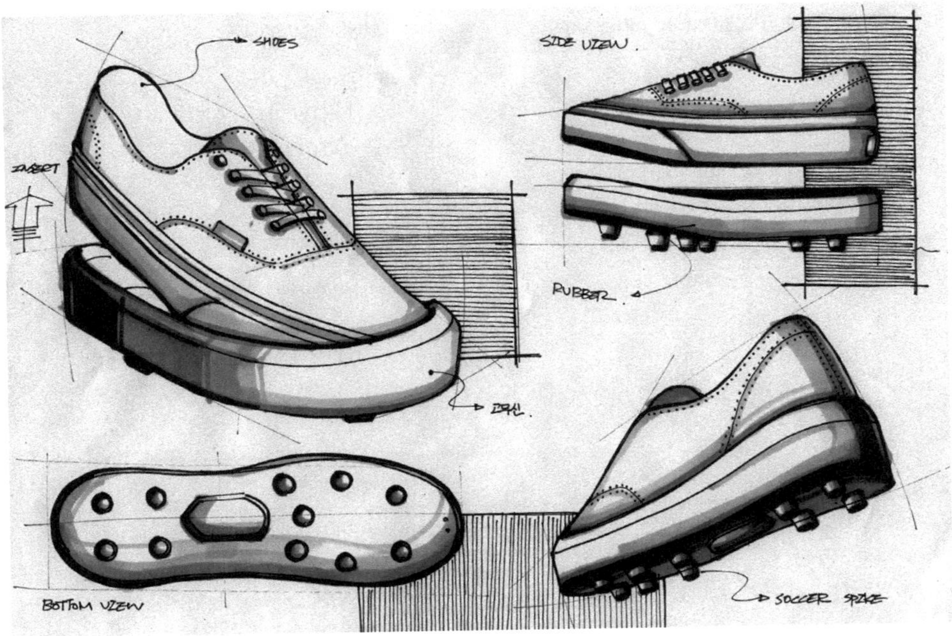


→ 전개된 아이디어 스케치 중에서 디자인 콘셉트나 방향에 맞는 안을 선정하여 렌더링 진행한다.

### ❸ 발상 사례 2

① **대상물 선정 및 아이템 탐색**

'펜'을 디자인 대상물로 선정하고, 펜과 결합할 수 있는 다양한 아이템을 탐색합니다.

② **아이템 결합 및 아이디어 방향 설정**

탐색 된 아이템과 펜을 결합하여 다양한 아이디어 방향을 구체화합니다.

③ **태블릿 펜(Tablet Pen) 디자인 선정 및 스케치**

결합 아이디어 중 '태블릿 펜(Tablet Pen)'을 선택하고, 구체적인 디자인 진행이 가능한 아이디어를 선정하여 스케치를 진행합니다.

④ **3D 렌더링(Rendering) 진행**

최종 선택된 아이디어 스케치를 기반으로 3D 렌더링(Rendering)을 수행하여 완성된 디자인을 시각적으로 구현합니다.

→ 체크리스트를 이용한 펜 아이데이션(Ideation)

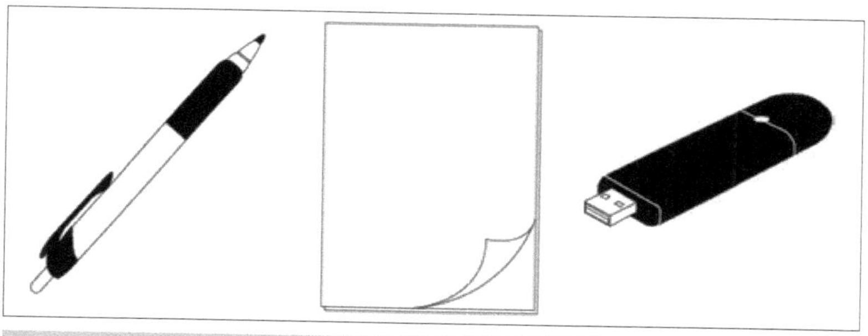

Pen + Papter + USB = **Tablet pen**

→ 도출된 최종 콘셉트에 따라 아이디어 스케치를 진행한다.

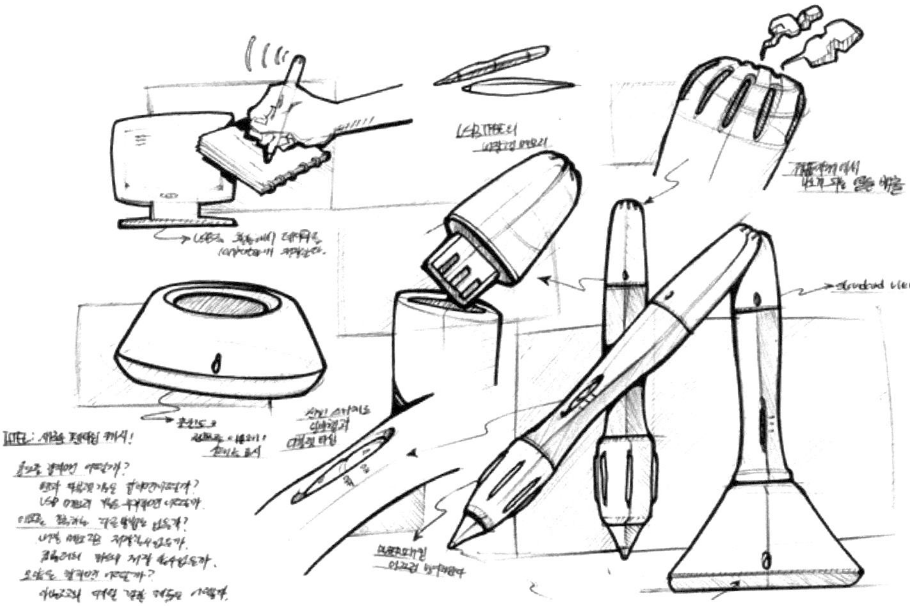

→ 전개된 아이디어 스케치 중에서 디자인 콘셉트나 방향에 맞는 안을 선정하여 렌더링 진행한다.

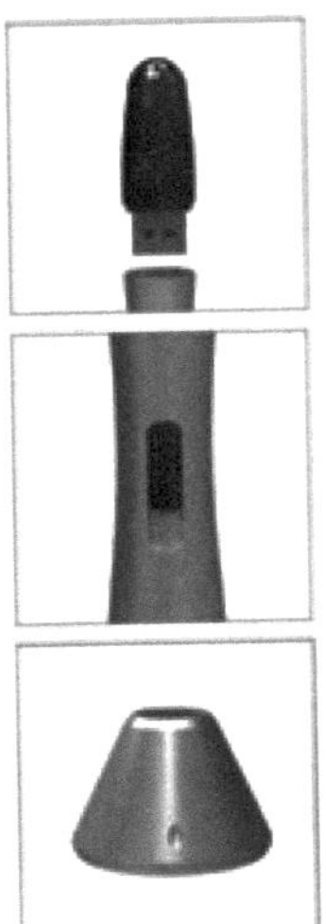

**USB**

펜을 사용하 듯 쓰여진 문자 등을 기록 저장하여 외부 하드에 옮길 수 있다

**POWER**

일반적인 펜타입과 내부 저장형 펜타입으로 구분할 수 있다

**DOC**

충전식 도크로 저장에 필요한 전력을 충전할 수 있다

# 9. 스캠퍼
## (SCAMPER)

스캠퍼(SCAMPER)는 오스본(Osborn)의 질문 리스트를 재조직하여 에이벌(Bob Eberle, 1971)이 간단하게 재조직하여 만들어 낸 창의적인 사고 방법입니다. 스캠퍼는 7가지 질문에 있는 핵심단어를 보면 아이디어를 자극할 수 있는 질문을 떠올릴 수 있습니다.

### 1) 스캠퍼(SCAMPER)는 어떻게 사용하는가?

**스캠퍼(SCAMPER) 기법의 사용 목적과 방식**

SCAMPER는 브레인스토밍의 기본 규칙을 보완하여 창의적 사고의 질과 효과를 향상하는 데 중점을 둡니다. 다음은 스캠퍼가 보완하고자 하는 브레인스토밍의 주요 한계와 이를 극복하는 방법입니다.

**창의적 사고의 복합성 인정**

브레인스토밍은 확산적 사고가 창의적 사고와 동일하다는 전제를 둡니다. 그러나 창의적 사고는 인간 사고의 여러 영역이 동시에 작용하는 복합적 사고입니다.

스캠퍼는 단순 확산적 사고를 넘어 다양한 사고 과정을 촉진합니다.

**문제해결 조건의 고려**

브레인스토밍은 창의적 해결책을 새로운 관점으로만 접근해야 한다고 주장합니다. 하지만 창의적 문제 해결에서는 문제의 본질적 요구 조건 또한 반드시 고려해야 합니다.

스캠퍼는 이러한 조건들을 포함하여 문제해결 방안을 제시합니다.

**아이디어의 질과 양의 균형**

브레인스토밍은 아이디어의 양에 치중하여 질적으로 뛰어난 아이디어를 놓칠 가능성이 있습니다. 스캠퍼는 질문 중심의 구조화된 접근법으로 질적 향상을 도모하며, 브레인스토밍의 한계를 극복하기 위해 체계적이고 구체적인 질문을 제공하여 창의적 사고를 보다 효과적으로 발현시키는 도구입니다.

## SCAMPER 기법: 체크리스트 방식으로 아이디어 발상

### ❶ 규칙

SCAMPER는 7단어의 약자로 구성된 창의적 사고를 위한 체크리스트 기법입니다. 각 항목은 새로운 아이디어 발상을 유도하는 질문으로 구성되어 있습니다.

**① S: 대치하기(Substitute) 무엇으로 대치할 것인가?**

기존의 것을 다른 것으로 대체했을 때 무엇이 달라질지 묻는 방식입니다.

ex) QR코드는 정보의 표현 방식을 바코드에서 2차원 격자무늬 코드로 대체하여 더 많은 정보를 담을 수 있도록 만들었습니다.

**질문 예시**

- · 다른 누가?
- · 다른 성분이라면?
- · 다른 접근법?
- · 다른 에너지로 가능할까?

| 다양한 정보를 다른 방법으로 포함한 QR코드

### ② C: 결합하기(Combine) 무엇과 결합할 수 있는가?

두 가지 이상의 요소를 결합하여 새로운 것을 만들어냅니다.

ex) 복합 기능 펜은 볼펜에 라디오, MP3, 녹음 기능이 결합된 사례입니다.

**질문 예시**

| | |
|---|---|
| · 새로운 무엇과 결합하면?<br>· 여러 가지 목적을 결합하면? | · 아이디어를 혼합하거나 조합하면? |

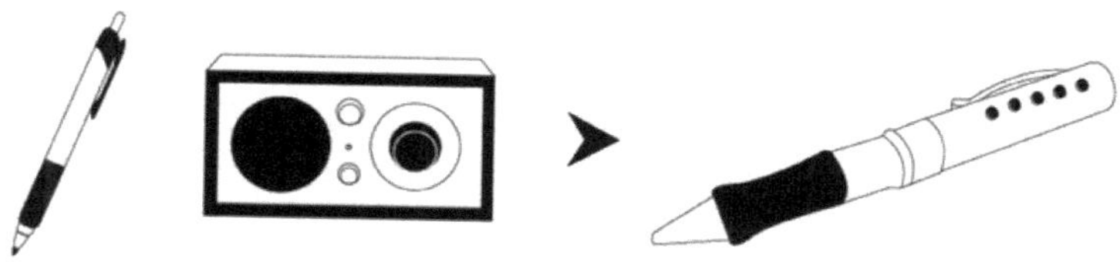

| 볼펜과 음향기기의 기능이 결합된 복합 기능 펜

### ③ A: 응용(적응)하기(Adapt) 응용하면 어떠한가?

응용(적응)하기는 기존의 아이디어나 제품을 다른 조건이나 목적에 맞게 변형하거나 활용하는 방법으로, 창의적 사고를 유도합니다. 이를 통해 기존의 틀에서 벗어나 새로운 가능성과 잠재력을 발견할 수 있습니다.

ex) 로투산 페인트: 연잎의 자정 및 방수 기능을 응용하여 상업적으로 활용된 페인트입니다. 이 페인트는 미세한 돌기를 포함하여 수십 년이 지나도 물과 오염물이 흡수되지 않는 성능을 자랑하며, 자연에서 영감을 받아 만들어졌습니다.

**사고를 유도하는 질문**

| | |
|---|---|
| · 번안하거나 각색하면 어떨까?<br>· 다른 용도나 상황에 이 아이디어를 어떻게 적용할 수 있을까? | · 과거의 유사한 사례가 주는 교훈은 무엇인가?<br>· 이 아이디어는 새로운 무엇을 시사하는가?<br>· 이것과 비슷한 사례는 무엇인가? |

| 연잎의 자정, 방수 기능을 응용한 로투산 페인트

### ④ M: 확대(축소)하기(Modify⇔Minify) 확대와 축소는 어떠한가?

확대(축소)하기는 어떤 사물이나 아이디어의 특성, 모양, 크기 등을 변형하거나 조정하여 창의적인 아이디어를 유도하는 방법입니다. 이 과정은 기존의 것에 약간의 변화를 주어 새로운 가능성을 발견하는 데 초점을 맞춥니다.

ex) 노트북: 데스크톱 컴퓨터를 간소화하고 크기를 축소하여 휴대성을 높임으로써 새로운 카테고리의 제품이 탄생했습니다. 이처럼 변형과 조정을 통해 기존 제품이나 아이디어를 혁신적으로 변환할 수 있습니다.

**사고를 유도하는 질문**

- 이것을 약간 변형하면?
- 크기를 더 확대하거나 축소하면?
- 불필요한 요소를 빼면?
- 의미, 색깔, 소리, 향기, 형태 등을 바꾸면?
- 더 길게 만들거나 간소화하면?

| 데스크톱에서 노트북으로, 노트북에서 넷북으로 간소화

### ⑤ P: 다른 용도로 사용하면(Put to other uses) 어떠한가?

다른 용도로 사용될 가능성을 생각하도록 하는 질문으로 "다른 용도는 ?", "수정하면 다른데 사용 가능한가?", "모양, 무게 또는 형태로 보아 다른 용도는 없는가?", "맥락을 바꾸면?" 등과 같은 것들입니다. 예를 들어 사용될 수 없는 버스와 기차를 이용해 음식점을 만들어 사용할 수 있습니다.

| 오래된 기차, 버스를 레스토랑으로 개조(정선, 부다페스트)

### ⑥ E: 제거하기(Eliminate) 하면 어떨까?

제거하기는 어떤 것의 일부분을 없애거나 단순화함으로써 새로운 아이디어를 만들어내는 기법입니다. 필요 없는 요소를 제거하는 과정에서 기존에 없던 창의적 해결책이 탄생할 수 있습니다.

ex) 오픈카(Open Car): 자동차의 덮개를 제거하여 자유롭고 개방감 있는 디자인과 경험을 만들어 냈습니다. 이처럼 제거라는 단순한 행위가 새로운 가치를 창출할 수 있는 혁신의 기회를 제공합니다.

**사고를 유도하는 질문**

- 이것을 없애면 어떻게 될까?
- 부품 수를 줄이거나 간소화하면?
- 위치를 바꾸거나 제거해도 기능을 유지할 수 있을까?
- 완전히 제거할 수 있는 것은 무엇인가?

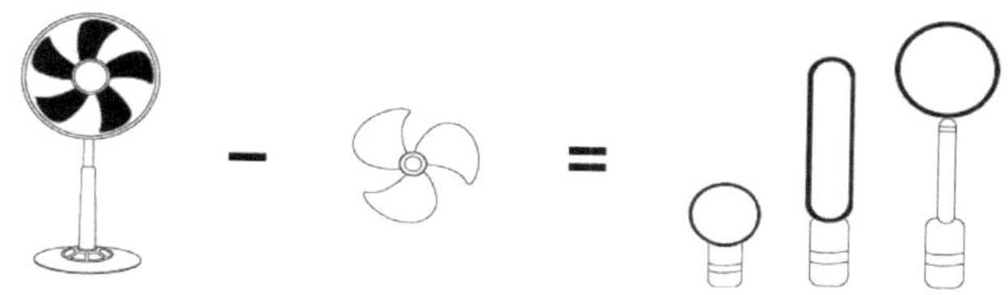

| 선풍기의 날개를 제거한 다이슨 선풍기

### ⑦ R: 뒤집기(Reverse), 재정리할 수(Rearrange) 있을까?

뒤집기와 재정리 기법은 주어진 순서, 모양, 역할 등을 바꾸거나 다시 배열하여 새로운 아이디어를 창출하는 기법입니다. 기존 사고 방식을 전환함으로써 예상치 못한 가능성과 해결책을 발견할 수 있습니다.

ex) 양념통의 바닥과 뚜껑을 뒤집기: 기존의 양념통에서 뚜껑을 바닥으로 이동시켜, 양념의 양이 적더라도 쉽게 사용할 수 있도록 개선된 사례입니다.

**사고를 유도하는 질문**

- 거꾸로 하면 어떤 변화가 생길까?
- 반대로 하면 새로운 가능성이 보일까?
- 역할이나 위치를 바꾸면 다른 기능을 할 수 있을까?
- 원인과 결과를 뒤집으면 다른 해석이나 관점이 나타날까?

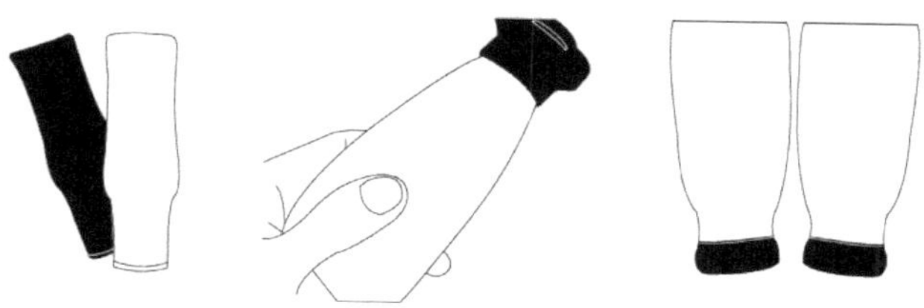

| 뚜껑이 바닥으로 향하도록 뒤집은 튜브형 양념통

## ❷ 발상 사례 1

① SCAMPER를 활용한 아이디어 발상

SCAMPER의 7가지 질문을 적용하여 **'Friendly 립스틱'**에 대한 아이디어를 폭넓게 도출합니다. (대치하기, 결합하기, 응용하기, 변경하기, 다른 용도로 사용하기, 제거하기, 뒤집기)

② 구체화 가능한 아이디어 선택

생성된 아이디어 중에서 구체화하여 실행할 수 있는 아이디어를 중심으로 선택합니다.

③ 콘셉트에 맞춘 자유 스케치 진행

선택된 아이디어를 바탕으로 Friendly 립스틱의 콘셉트에 맞춰 자유롭게 스케치를 진행합니다.

④ 3D 렌더링(Rendering) 진행

최종적으로 선택된 아이디어 스케치를 기반으로 3D 렌더링(Rendering)을 진행하여 디자인을 구체적으로 시각화합니다.

→ 스캠퍼를 이용한 립스틱 아이데이션(Ideation)

| | |
|---|---|
| S: 대체(Substitute)하면? | 기존의 립스틱과 다른 재질로 대체한다.<br>나무, 유리, 종이, 한지, 알루미늄, 천, 고무, 실리콘, 나무. |
| C: 결합(Combine)하면? | 립스틱을 바르는 것 외에 자주 사용하는 다른 기능을 결합한다.<br>라이터, 마스카라, 볼펜, 컨실러, USB, 컵, 향수, 스탬프, 팔찌, 반지 |
| A: 응용(Adapt)하면? | USB의 구조, 펜던트의 구조 |
| M: 변형(Modify), 확대(Magnify),<br>축소(Minify)하면? | 길이를 길게 늘이거나 축소하거나 모양을 변형시킨다.<br>긴 길이, 짧은 길이, 스틱 모양이 아닌 다른 모양으로 변형 |
| P: 다른 용도(Put to other uses)로 하면? | 립스틱을 다른 용도로써 활용한다.<br>사인펜, 향수병 |
| E: 제거(Eliminate)하면? | 립스틱의 뚜껑을 제거한다. |
| R: 뒤집기(Reverse), 재배열(Rearrange)하면? | 립스틱의 모양을 거꾸로 하거나 사용 방법을 재구성한다.<br>거꾸로 나오는 립스틱 / 입술에 찍어 바르는 립스틱 |

– C 결합하기와 A 응용하기 아이디어를 결합한 소녀립스틱/화장품은 감성적 선택의 영역에 있으므로 감성을 자극하며, 여성들에게 화장품은 자신을 나타내는 중요한 요소이므로 소녀의 건강미를 콘셉트로 하였습니다.

→ 도출된 최종 콘셉트에 따라 아이디어 스케치를 진행한다.

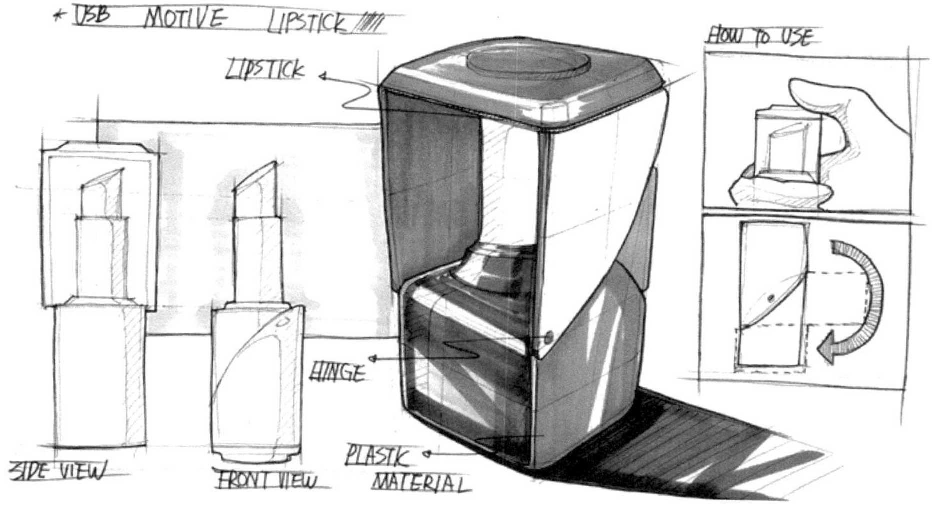


→ 전개된 아이디어 스케치 중에서 디자인 콘셉트나 방향에 맞는 안을 선정하여 렌더링 진행한다.

## ❷ 발상 사례 2

### ① SCAMPER 기법을 활용한 아이디어 발상

SCAMPER의 7가지 질문(대치하기, 결합하기, 응용하기, 변경하기, 다른 용도로 사용하기, 제거하기, 뒤집기)을 적용하여 헤드셋 스피커에 대한 다양한 아이디어를 도출합니다.

### ② 구체화할 수 있는 아이디어 선택

생성된 아이디어 중에서 실현할 수 있고 구체화할 수 있는 아이디어를 선정하여 디자인 방향을 설정합니다.

### ③ 콘셉트에 맞춘 자유 스케치 진행

선택된 아이디어를 바탕으로 **'헤드셋 스피커'**의 콘셉트에 맞추어 자유롭게 스케치를 진행합니다.

### ④ 3D 렌더링(Rendering) 진행

최종적으로 선택된 아이디어 스케치를 기반으로 3D 렌더링을 진행하여 디자인을 구체적으로 시각화합니다.

→ 스캠퍼를 이용한 스피커 아이데이션(Ideation)

| | |
|---|---|
| S: 대체(Substitute)하면? | 스피커의 소리 나오는 부분을 공기청정기로 대체 → 소리가 나오는 것이 아닌 맑은 공기가 나온다. |
| C: 결합(Combine)하면? | 스피커와 방향제를 결합 → 소리 + 향기(청각 + 후각), 볼륨에 따라 향기의 농도를 조절한다. |
| A: 응용(Adapt)하면? | "이것과 비슷한 것은?" → 스피커 - 헤드셋 → 소리를 출력<br>스피커와 헤드셋에 응용(적용) → 스피커를 헤드셋 거치대로 이용한다. |
| M: 변형(Modify), 확대(Magnify), 축소(Minify)하면? | 형태 변형 → 머리에 끼는 U자 형태 |
| P: 다른 용도(Put to other uses)로 하면? | 충전기로 사용한다. |
| E: 제거(Eliminate)하면? | 스피커의 음량조절 / 재생 버튼 제거 and 전선 제거한다 |
| R: 뒤집기(Reverse), 재배열(Rearrange)하면? | 스피커: 소리를 냄 ↔ 소리를 받음: 녹음기 |

Problem

| | | | |
|---|---|---|---|
| · 블루투스 헤드폰을 쓰다 블루투스 스피커로 듣고 싶을 때, 블루투스를 다시 연결해야 함<br>· 스피커로 듣다 혼자 듣거나 집중해서 듣기 위해 헤드셋을 낌<br>· 헤드셋을 딱히 보관할 곳이 없음 | ▶ | · 블루투스 전가<br>· 스피커, 헤드셋 둘 다 필요<br>· 헤드셋 거치대 | 헤드폰<br>+<br>헤드폰 거치대<br>(스피커) |

헤드셋 거치대를 스피커로 만들어 **헤드셋을 거치**하면 스피커에서 소리가,
(블루투스: 헤드셋▶스피커)
**헤드셋을 빼면** 헤드셋에서 소리가 남
(블루투스: 스피커▶헤드셋)

→ 도출된 최종 콘셉트에 따라 아이디어 스케치를 진행한다.

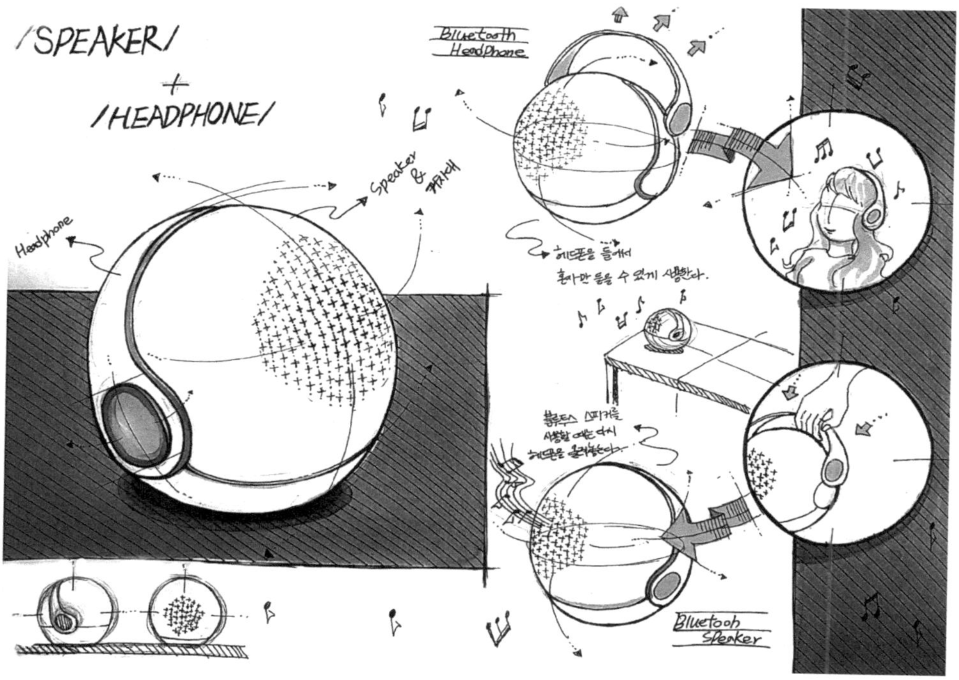

→ 전개된 아이디어 스케치 중에서 디자인 콘셉트나 방향에 맞는 안을 선정하여 렌더링 진행한다.

# 10. PMI

## (Plus, Minus, Interesting)

De Bono(1973)가 고안한 방법으로 특정한 대상의 긍정적인 면과 부정적인 면을 각각 기록한 다음 이들 각각에 대한 문제해결 후 나름의 판단으로 이익이 되는 점을 찾는 방법입니다.

PMI 방법은 제안된 아이디어의 장점(Plus), 단점(Minus), 그리고 흥미로운 점(Interesting)을 따져 본 후 그 아이디어를 평가하는 아주 간단하면서도 매우 효과적인 방법입니다. 여기에서 주의할 점은 아이디어를 산출할 때, P, M, I를 철저히 분리해서 생각해야 한다는 것입니다. 어떤 아이디어에 대해 좋은 점(긍정적 측면), 나쁜 점(부정적 측면), 흥미로운 점(재미있는 측면)을 찾아 기록하는 활동으로 감정에 의한 문제의 처리 방법이 아니라 어떤 생각에 관한 탐구를 거친 뒤 그 아이디어를 결정하는 방법으로 냉철한 판단하에 사고를 전개할 수 있습니다. PMI법은 어떤 문제 장면에 대한 시야를 넓혀줍니다.

### PMI(Plus, Minus, Interesting)

#### ❶ 방법

| 구분 | 내용 |
|---|---|
| P<br>(Plus) | 제시된 아이디어의 좋은 점(당신이 좋아하는 이유)<br>좋은 점, 긍정적인 측면, 더하기, 강점, 아이디어에 대한 좋은 점,<br>왜 그것을 좋아하는가? |
| M<br>(Minus) | 제시된 아이디어의 나쁜 점(당신이 싫어하는 이유)<br>나쁜 점, 부정적인 측면, 빼기, 약점, 아이디어에 대한 나쁜 점,<br>왜 그것을 좋아하지 않는가? |
| I<br>(Interesting) | 제시된 아이디어와 관련하여 흥미롭게 생각되는 점<br>좋지도 나쁘지도 아니하지만 흥미롭다고 생각되는 점, 새로운 대안, 독특한 점 |

### ❷ 유의점

PMI를 실행할 때는 다음 단계를 의도적으로 수행하는 것이 중요합니다.

**순차적 집중**

첫째, P(Plus): 아이디어의 긍정적 측면에 먼저 주의를 집중합니다.

둘째, M(Minus): 이후에는 아이디어의 부정적 측면을 분석합니다.

셋째, I(Interesting): 마지막으로 아이디어가 가진 흥미로운 요소를 탐구합니다.

**시간 관리**

이 과정은 2~3분 이내에 진행되며, 신속하면서도 집중적으로 분석해야 합니다.

### ❸ 발상 사례 1

**① 주제 선정 및 아이디어 발상**

**'여성용 면도기'**라는 주제를 선정하고, 다양한 창의적인 아이디어를 발상합니다.

**② 구체화할 수 있는 아이디어 선정**

생성된 아이디어 중 구체화하여 실행할 수 있는 아이디어를 중심으로 선택합니다.

**③ 콘셉트에 맞춘 스케치 진행**

선택된 아이디어를 기반으로, 여성용 면도기의 콘셉트에 맞추어 자유롭게 스케치를 진행합니다.

**④ 3D 렌더링(Rendering) 진행**

최종적으로 선택된 아이디어 스케치를 통해 3D 렌더링을 진행하여 디자인 결과물을 구체적으로 시각화합니다.

→ PMI를 이용한 여성용 면도기 아이데이션(Ideation)

| | |
|---|---|
| P<br>(Plus) | 남성뿐 아니라 여성도 선호할만한 중성적인 디자인을 적용한다.<br>피부표면에 상처가 생기지 않도록 몸체에 보습젤을 장착한다.<br>면도날이 무뎌져 피부를 상하지 않도록 면도날을 갈 수 있는 표현을 제공한다.<br>손에서 미끄러지지 않도록 그립감을 높인다.<br>면도기를 거울에 걸 수 있도록 하여 보관성을 높인다.<br>면도날을 두방향으로 포개어 더 밀착력있는 면도감을 제공한다.<br>소면적을 위한 교체 헤드를 제공한다. |
| M<br>(Minus) | 면도기의 부피가 커질 수 있다.<br>타겟 시장이 애매해질 수 있다.<br>양산비용이 올라갈 수 있다.<br>제품 구성이 헤비 해질 수 있다.<br>헤드를 교체하기 번거로울 수 있다. |
| I<br>(Interesting) | 면도기의 형태에 변화를 줄 수 있다.<br>남성 위주의 디자인의 범위를 넓힐 수 있다.<br>면도기를 걸어 보관하여 물때를 예방할 수 있다.<br>피부와의 밀착력을 높여 더욱 깔끔한 사용성을 제공할 수 있다.<br>여성이 자주 사용하는 인중 등 소면적의 부위에 알맞는 헤드로 사용자의 편의성을 넓힐 수 있다. |

**콘셉트(Concept)**

타겟 시장을 넓힌 유니섹스 디자인
고리에 걸 수 있는 형태로 디자인
가운데 힌지가 있는 틸팅 가능한 디자인
교체하기 쉬운 소면적 전용 헤드 디자인
데일리한 차분한 컬러 적용

## PMI 방법을 이용한 분석 결과 정리

PMI 방법을 활용하여 발상된 키워드들은 다음과 같습니다

- 장점(Plus): 제품 기능의 교체 가능성, 밀착력, 유니섹스 디자인, 중성적인 매력, 소면적(小面積) 설계, 보관의 편리성
- 단점(Minus): 부피감, 양산 비용 증가, 시장성의 제약, 제품 구성의 복잡성
- 흥미로운 점(Interesting): 중성적 분위기, 밀착력, 소면적 면도용 교체 헤드, 사용자 편의성

→ 도출된 최종 콘셉트에 따라 아이디어 스케치를 진행한다.

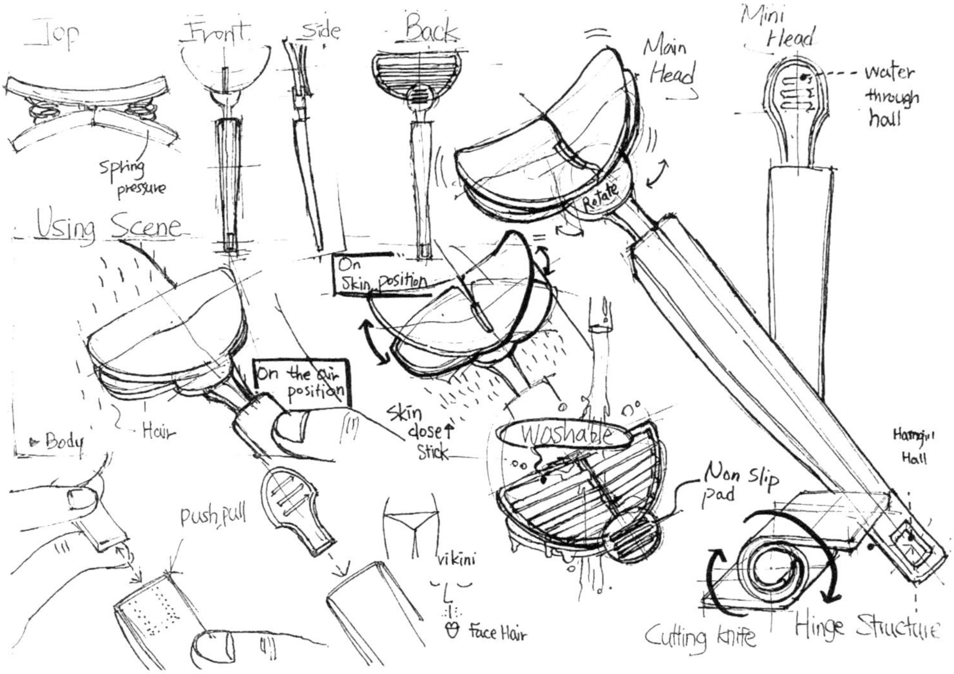


→ 전개된 아이디어 스케치 중에서 디자인 콘셉트나 방향에 맞는 안을 선정하여 렌더링 진행한다.

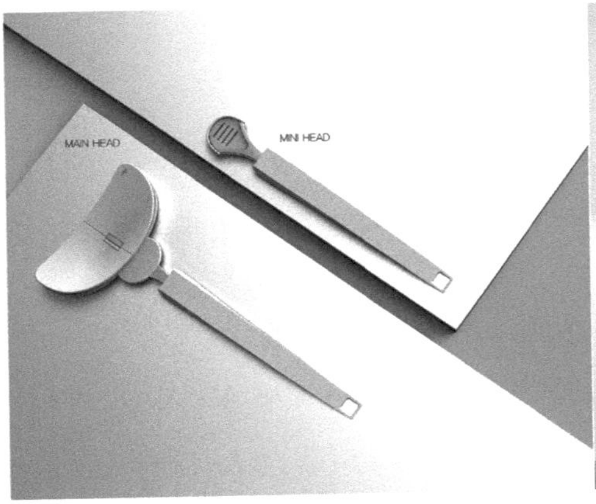


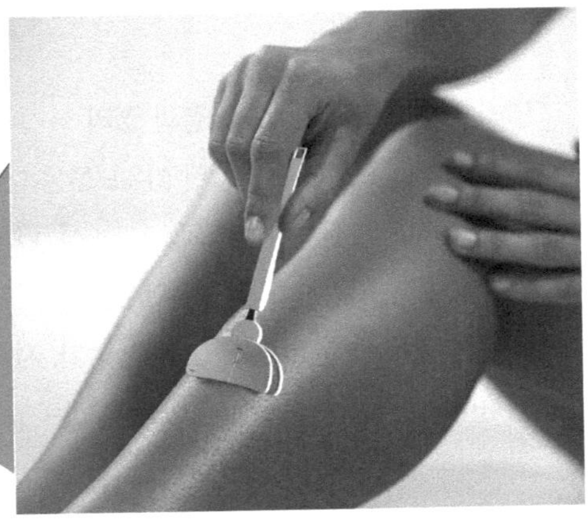

## ❹ 발상 사례 2

### ① 주제 선정 및 아이디어 발상

**'1인 가구용 선풍기'**라는 주제를 바탕으로 사용자의 필요와 트렌드에 맞는 창의적인 아이디어를 도출합니다.

### ② 구체화 가능한 아이디어 선정

생성된 아이디어 중에서 실제 구현 가능성이 높은 아이디어를 선택하여 발전시킵니다.

### ③ 콘셉트에 맞춘 자유 스케치 진행

선택된 아이디어를 기반으로, 1인 가구에 적합한 콘셉트를 살린 디자인 스케치를 자유롭게 진행합니다.

### ④ 3D 렌더링(Rendering) 진행

최종적으로 선택된 아이디어 스케치를 바탕으로 3D 렌더링을 진행하여 실제 구현된 디자인을 시각적으로 표현합니다.

➜ PMI를 이용한 1인 가구용 선풍기 아이데이션(Ideation)

| P(Plus) | M(Minus) | I(Interesting) |
|---|---|---|
| · 공간 활용성 높이기<br>· 안전성<br>· 편리한 청소 | · 청소하기에 번거로움<br>· 소음 문제<br>· 선풍기 날개의 위험성(부상)<br>· 공간 활용성이 낮음<br>· 파손 문제 | · 인테리어 효과<br>· 좁은 공간 활용<br>· 다용도/다기능 |

| **콘셉트(Concept)** |
|---|
| 선풍기의 날개를 없애 소음, 위험성, 청소 문제를 해결하고<br>공간 활용성과 실내장식 효과를 높일 수 있는 수납 기능이 있는 선풍기 |

→ 도출된 최종 콘셉트에 따라 아이디어 스케치를 진행한다.

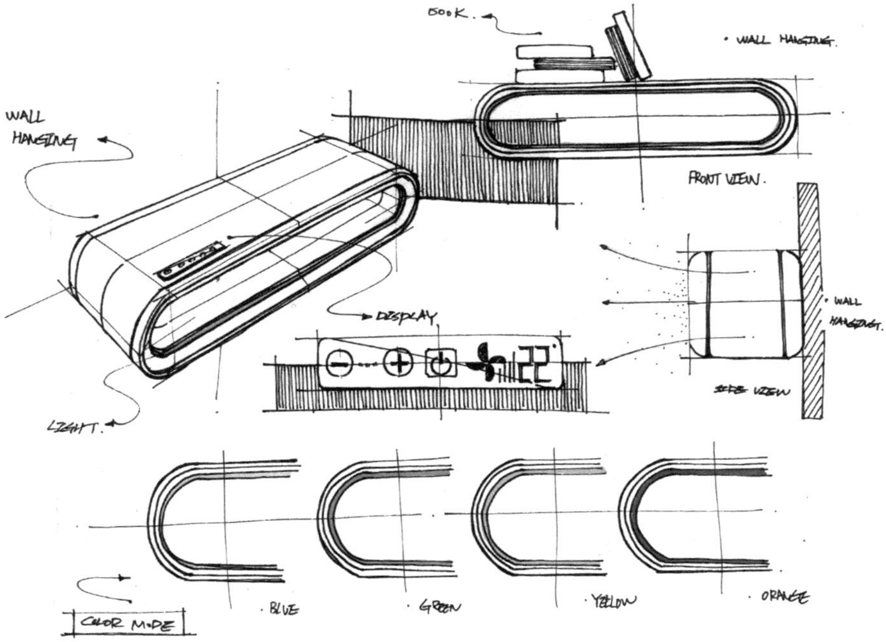


→ 전개된 아이디어 스케치 중에서 디자인 콘셉트나 방향에 맞는 안을 선정하여 렌더링 진행한다.

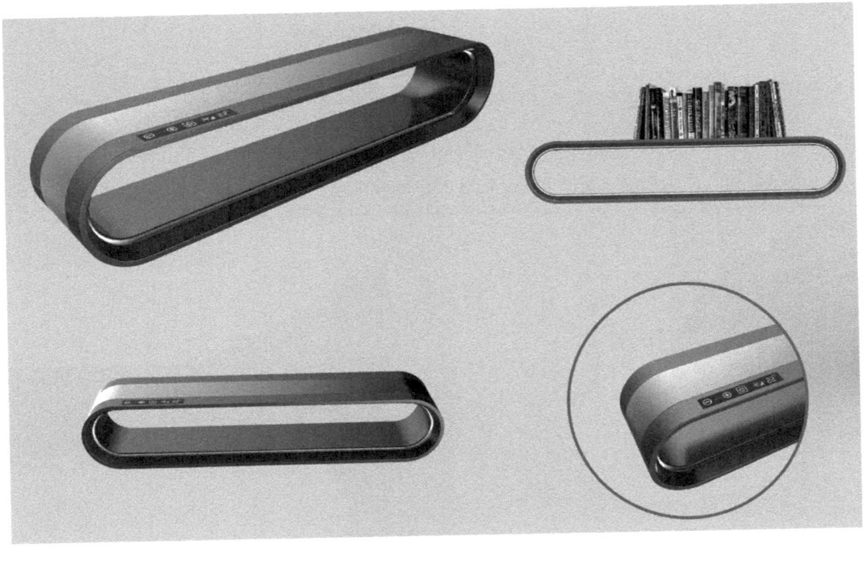

# 11. ALU

## (Advantage, Limitation and Unique Qualities)

발산적 사고에서 사용하는 기본적인 사고 방법은 '브레인스토밍'인데 대하여, 기본적인 수렴적 사고 방법은 ALU(Advantage, Limitation and Unique Qualities, '강점–제한–독특한 특성)입니다. 특히 이 방법은 매우 새로운 대안들을 생산적으로 발전시킬 수 있을 뿐만 아니라 흔한 것처럼 보이는 아이디어라 해서 쉽게 내던져 버리는 일이 없도록 하는 구조적인 접근법입니다. 이 기법은 아이디어를 단순히 생성하는 것에서 멈추지 않고, 다음과 같은 세 가지 요소로 분석합니다.

- Advantage(강점): 아이디어의 긍정적인 측면과 장점을 탐구
- Limitation(제한): 약점과 제약 조건을 분석
- Unique Qualities(독특한 특성): 아이디어의 차별화된 요소와 독창성을 확인

**ALU 기법의 장점**

- 생산적 발전 가능성: 새로운 대안을 발전시키는 데 매우 유용합니다.
- 구조적 접근법: 흔한 것처럼 보이는 아이디어도 쉽게 배제되지 않도록 체계적으로 다룹니다.
- 수렴적 사고의 네 가지 지침을 준수: 대안을 분석하고, 다듬고, 최적화하여 발전시킵니다.

### ALU(Advantage, Limitation, Unique Qualities) 기법 활용 과정

**❶ 방법**

① **강점(Advantage)을 먼저 고려하기**

- 대안의 장점과 이점을 우선적으로 분석하며, 새로운 아이디어를 수용하는 데 적극적으로 관여하게 됩니다.
- 강점은 반드시 적절하고 실질적인 것이어야 하며, 위장된 장점(실제로 약점인 요소를 강점처럼 보이게 하는 것)을 피해야 합니다.

– 이 단계는 PMI의 P(Plus)와 유사합니다.

② **제한(Limitation) 또는 개선 필요 영역 식별**

– 완벽한 대안은 드물어서, 제약 조건과 약점을 신중하게 검토합니다.

– 검토의 목적은 단순히 대안을 배제하기 위함이 아니라, 약점 극복을 위한 해결책을 의문형으로 도출하는 것입니다.

– 이는 PMI의 M(Minus)과 연결됩니다.

③ **독특한 특성(Unique Qualities) 확인**

– 대안이 가진 독창적이고 차별화된 특성을 의도적으로 탐구합니다.

– 질문 예: "이 대안은 다른 대안과 어떤 차별화된 점을 가지고 있는가?"
"독특한 측면은 무엇이며, 그것이 가치 있는 이유는 무엇인가?"

이를 통해 대안이 가진 중요한 특성을 놓치지 않고 발전시킬 수 있습니다.

④ **제한 극복 및 강화 방안 개발**

– 확인된 제약 조건이나 약점을 극복하기 위한 구체적인 해결 방법을 개발합니다.

– 이 단계는 창의적인 문제해결을 도모하며, 더 새롭고 유용한 결과를 가져올 가능성을 높입니다.

## ❷ 발상 사례 1

① **주제 선정 및 아이디어 발상**

**'여성 면도기'**를 주제로 설정하고, 사용자의 요구와 편리성을 고려하여 다양한 창의적 아이디어를 탐구합니다.

② **구체화 가능한 아이디어 선정**

생성된 아이디어 중에서 실현 가능성이 높고 구체적으로 발전시킬 수 있는 아이디어를 선택합니다.

③ **콘셉트에 맞춘 자유 스케치 진행**

선택된 아이디어를 바탕으로, 여성 면도기의 콘셉트를 살려 자유롭게 스케치를 진행하며 디자인 방향을 구체화합니다.

④ **3D 렌더링(Rendering) 진행**

최종적으로 선택된 아이디어 스케치를 기반으로 3D 렌더링을 통해 디자인을 시각화하고 구체적인 형태를 완성합니다.

→ ALU를 이용한 여성용 면도기 아이데이션(Ideation)

**강점**

이 새로운 아이디어가 가지고 있는 '강점', '플러스' 또는 '긍정적인 측면'들을 확인한다.

· 털을 밀 수 있다.
· 보풀 제거를 할 수 있다.
· 편하다.
· 혼자 할 수 있다.
· 제모보다 고통이 덜하다.
· 샤워 중에 사용할 수 있다.(방수)

**제한**

이 새로운 아이디어가 가지고 있는 '약점'이나 '염려'는 무엇인가(어떻게….)? 그리고 이 아이디어를 더욱 발전시키기 위하여 가장 강한 제한들을 극복할 수 있는 아이디어들을 생성해 보라.

· 뿌리가 안 뽑힌다.
· 비누를 따로 묻혀야 한다.
· 베인다.
· 여러 번 밀면 쓰라리다.
· 가끔 아빠가 쓴다.
· 날이 녹슨다.
· 아무 곳에 방치된다.
· 보기에 좋지 않다.
· 좁은 면적은 밀 수 없다.
· 칼날을 교체해야 한다.
· 오래 잡으면 손이 아프다.
· 씻다가 베인다.
· 잔여물을 빼기 힘들다.

**독특한 특성**

이 아이디어가 가지고 있는 새롭거나 독특한 특성들을(또는 가능한 결과) 확인한다. 이 대안이 가지고 있는 새롭고 흥미로운 측면에 초점을 둔다(아이디어는 다른 아이디어가 갖고 있지 아니한 어떤 가능성이나 특성이 있는가?)

· 털을 제거한다.
· 칼날을 여러 개 가지고 있다.
· 한 방향으로 해야 한다.

**대상(Target)**

여성

**콘셉트(Concept)**

세밀한 곳(좁은 면적)을 면도할 수 있는 기능
아무 데나 버려두지 않고 위생적으로 보관
비누를 결합

→ 도출된 최종 콘셉트에 따라 아이디어 스케치를 진행한다.

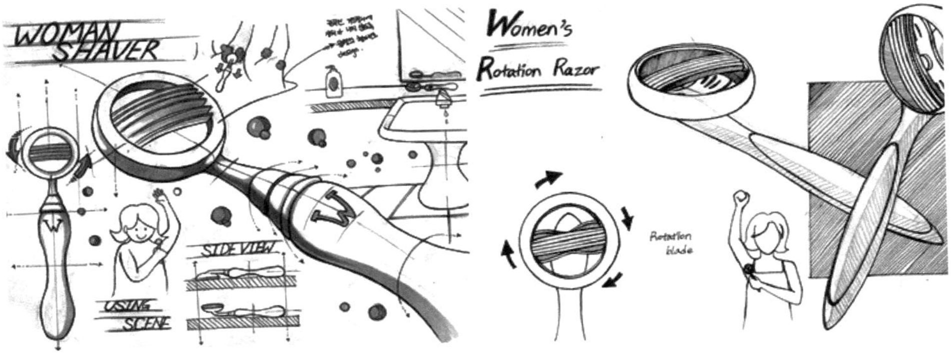


→ 전개된 아이디어 스케치 중에서 디자인 콘셉트나 방향에 맞는 안을 선정하여 렌더링 진행한다.

❷ **발상 사례 2**

① **주제 선정 및 아이디어 발상**

**'회사원 전용 액세서리'**라는 주제를 설정하고, 회사원의 실용성과 생활양식을 고려한 창의적인 아이디어를 탐구합니다.

② **구체화 가능한 아이디어 선정**

도출된 아이디어 중에서 실현할 수 있고 구체적인 발전 가능성이 있는 아이디어를 선정합니다.

③ **콘셉트에 맞춘 자유 스케치 진행**

선택된 아이디어를 바탕으로 회사원 전용 액세서리의 콘셉트를 반영하여 자유로운 스케치를 진행합니다.

④ **3D 렌더링(Rendering) 진행**

최종적으로 선택된 아이디어 스케치를 사용하여 3D 렌더링을 통해 디자인을 구체적으로 시각화하고 완성도를 높입니다.

➜ ALU를 이용한 회사원 전용 액세서리 아이데이션(Ideation)

**강점**

이 새로운 아이디어가 가지고 있는 '강점', '플러스' 또는 '긍정적인 측면'들을 확인한다.
액세서리처럼 사용할 수 있다.

· 회사원이 자주 사용하는 편의 기능을 모아 제공한다.
· 클립으로 고정하여 사용이 쉽고 편하다.
· 원하는 보석을 박아 사용자의 개성을 드러내 준다.

**제한**

이 새로운 아이디어가 가지고 있는 '약점'이나 '염려'는 무엇인가(어떻게….)? 그리고 이 아이디어를 더욱 발전시키기 위하여 가장 강한 제한들을 극복할 수 있는 아이디어들을 생성해 보라.

· 물이 닿으면 고장의 위험이 있다.
· 클립의 고정력이 약하면 분실의 위험이 있다.
· 옷에 고정하는 용도로 사용자가 디스플레이를 인지하지 못할 수 있다
· 배터리를 충전하여 사용해야 한다

**독특한 특성**

이 아이디어가 가지고 있는 새롭거나 독특한 특성들을(또는 가능한 결과) 확인한다. 이 대안이 가지고 있는 새롭고 흥미로운 측면에 초점을 둔다.(아이디어는 다른 아이디어가 갖고 있지 아니한 어떤 가능성이나 특성이 있는가?)

· 옷에 고정하여 사용하는 스마트 액세서리다.
· 원하는 보석으로 사용자의 개성을 보여준다.
· NFC기 능으로 회사의 출입증을 대신한다.

**대상(Target)**

회사원

**콘셉트(Concept)**

사용자의 개성을 나타낼 수 있는 스마트 액세서리
회사의 출입증 및 알람, 시계 등 대상에게 맞는 다양한 기능 포함

→ 도출된 최종 콘셉트에 따라 아이디어 스케치를 진행한다.

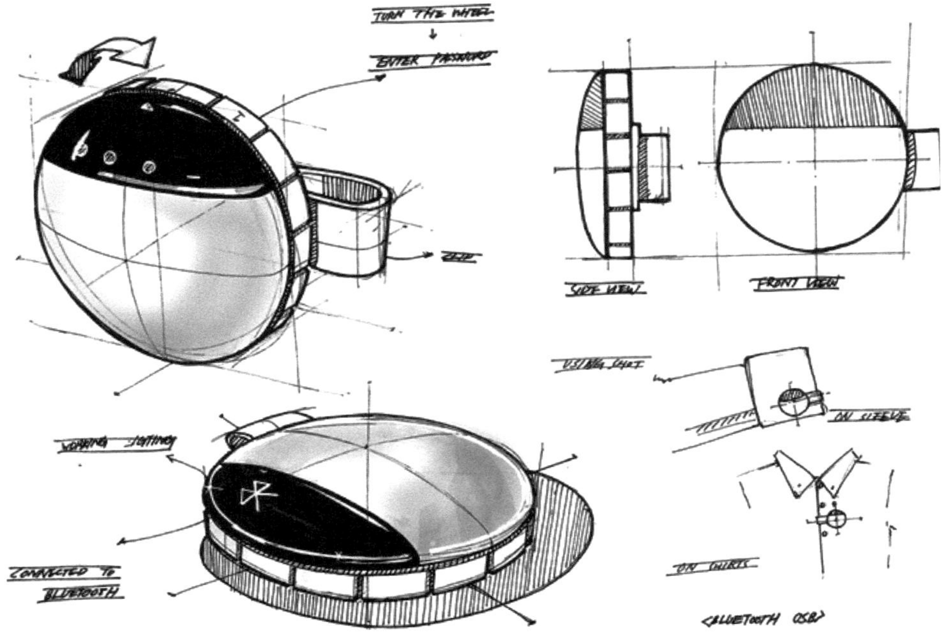


→ 전개된 아이디어 스케치 중에서 디자인 콘셉트나 방향에 맞는 안을 선정하여 렌더링 진행한다.

# Self Test 1

중간평가

## Self Test

**6가지 발상법 중 하나를 택해 아이디어를 진행해 봅시다.**

□ 브레인스토밍 □ 브레인라이팅 □ KJ법 □ 마인드맵 □ SCAMPER □ 체크리스트

❶ 아이데이션(Ideation)

## Self Test

❷ 아이디어 스케치

## Self Test

❸ 최종결과물

앞서 배워본 여섯 가지 발상법 중 하나를 택해 아이디어 발상을 진행해보고, 다섯 가지 창의성 핵심 요소를 7점 척도 기준으로 개인 평가 및 그룹 평가를 진행합니다.

---

**평가 1**

### 아이디어 창의성 개인 평가

다섯가지 창의성 핵심 요소에 평가 점수를 점( · )으로 표시하고 각 점을 선으로 이어, 창의적인 아이디어 발상이 진행되었는지 자체 평가합니다.

**유창성** 생산된 아이디어의 수가 많은가?

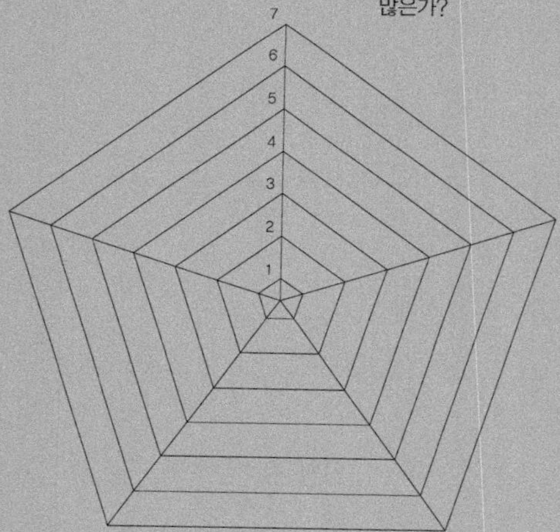


**정교성**
아이디어가 자세하고 세부적이며, 구체적인가?

**융통성**
아이디어의 종류(범주)가 다양한가?

**독창성**
생성해내는 아이디어가 기발하고 독특한가?

**민감성**
문제를 민감하고 철저하게 들여다보며 진행 되었는가?

**평가점수**

7 : 매우 그렇다
6 : 그렇다
5 : 조금 그렇다
4 : 보통 이다
3 : 조금 그렇지 않다
2 : 그렇지 않다
1 : 매우 그렇지 않다

## 평가 2

### 아이디어 창의성 그룹 평가

위와 같은 평가표를 여러 장 작성하거나 출력하여 그룹 단위로 아이디어를 평가하고, 각 항목별로 평가 점수의 평균을 내어 개인 평가와 마찬가지로 그룹 평가표를 작성합니다.

셀프테스트 후에 그룹 평가를 진행함으로써 창의적인 아이디어 발상의 객관적인 평가가 가능하고, 평가를 토대로 진행된 아이디어를 발전시킬 수 있습니다.

| 평가 항목 | 평가 내용 | 평가 점수 |
|---|---|---|
| 1. 독창성 | 생성해내는 아이디어가 남들이 흔히 만드는 것이 아닌 기발하고 독특한가? | 1 매우 그렇지않다 / 2 그렇지 않다 / 3 조금 그렇지않다 / 4 보통이다 / 5 조금 그렇다 / 6 그렇다 / 7 매우 그렇다 |
| 2. 민감성 | 문제를 민감하고 철저하게 들여다보여 진행되었는가? | 1 매우 그렇지않다 / 2 그렇지 않다 / 3 조금 그렇지않다 / 4 보통이다 / 5 조금 그렇다 / 6 그렇다 / 7 매우 그렇다 |
| 3. 유창성 | 생산된 아이디어의 수가 많은가? | 1 매우 그렇지않다 / 2 그렇지 않다 / 3 조금 그렇지않다 / 4 보통이다 / 5 조금 그렇다 / 6 그렇다 / 7 매우 그렇다 |
| 4. 정교성 | 아이디어가 자세하고 세부적이며, 구체적인가? | 1 매우 그렇지않다 / 2 그렇지 않다 / 3 조금 그렇지않다 / 4 보통이다 / 5 조금 그렇다 / 6 그렇다 / 7 매우 그렇다 |
| 5. 융통성 | 아이디어의 종류가 다양한가? | 1 매우 그렇지않다 / 2 그렇지 않다 / 3 조금 그렇지않다 / 4 보통이다 / 5 조금 그렇다 / 6 그렇다 / 7 매우 그렇다 |

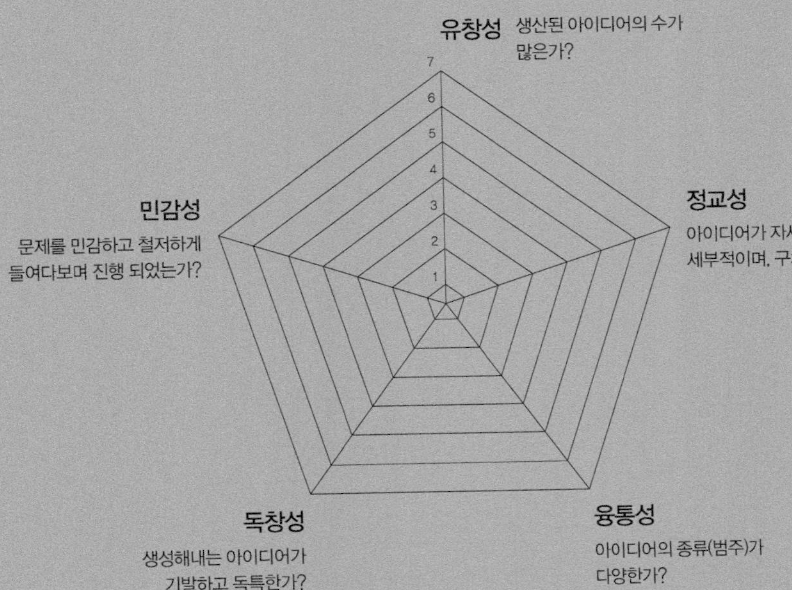


**평가점수**

7 : 매우 그렇다
6 : 그렇다
5 : 조금 그렇다
4 : 보통 이다
3 : 조금 그렇지 않다.
2 : 그렇지 않다
1 : 매우 그렇지 않다.

# 12. 희망 열거법
## (Hope Point Listing)

희망 열거법은 사물이나 상황에 대해 자신이 평소 바라고 원하는 희망 사항을 나열하여 창의적 아이디어를 도출하는 기법입니다. 희망 사항을 단순히 비현실적인 것으로 치부하지 않고, 현실적으로 문제를 해결하는 방법을 탐구하는 데 초점이 맞춰져 있습니다.

### 희망 열거법(Hope Point Listing) 활용 방식

**희망점 제시**

"앞으로 이런 것이 이렇게 되었으면 좋겠다"라는 방식으로 문제 대상이나 개선이 필요한 물건에 대해 바라는 점을 나열합니다.

**해결 아이디어 제안**

제시된 희망점을 충족시키기 위한 구체적인 아이디어를 도출합니다.

희망 사항을 기반으로 혁신적인 해결책을 탐구합니다.

– 장점: 혁신적인 해결책 발견 가능성–기존의 틀을 벗어나 희망 사항을 실현할 창의적 접근법을 발견할 수 있습니다.

– 단점: 실행 장벽–아이디어를 현실화하는 과정에서 기술적, 경제적, 현실적 제약이 발생할 수 있습니다.

ex) – 집 안 청소:청소하지 않아도 집안이 깨끗하게 유지되길 바라는 희망 → 자동 청소 시스템 개발
– 만년필: 잉크 충전 없이 사용할 수 있는 만년필 → 잉크 카트리지 교체형 만년필 고안
– 라면: 끓이지 않고 먹을 수 있는 라면 → 즉석 라면 제품 개발

## ❶ 규칙

- 대상을 제시하거나 주제를 선택해 봅니다.
- 대상에 대한 희망 사항을 열거해 봅니다.
- 희망 사항에 따라 변화된 대상을 표현해 봅니다.

## ❷ 발상 사례 1

① **페트병 대상물 선정**

**'페트병'**을 디자인 주제로 선택하여 새로운 아이디어를 발상하는 과정을 시작합니다.

② **희망 사항 나열**

페트병 사용 시 느끼는 바라는 점(희망 사항)들을 자유롭게 열거합니다.

㉠ 더 가볍게 만들었으면 좋겠다, 재사용이 더 간편했으면 좋겠다 등

③ **아이디어 분류**

열거된 희망 사항을 다음 범주로 분류하고 콘셉트를 설정합니다.

– 기능(Function): 실용성과 사용성을 개선할 수 있는 아이디어

– 형태(Shape): 디자인 및 외형적인 개선 아이디어

– 에코(Eco): 친환경적이고 지속 가능성을 고려한 아이디어

④ **콘셉트 도출 및 스케치**

분류된 아이디어를 바탕으로 최종 콘셉트를 선정합니다.

선택된 콘셉트에 맞추어 자유롭게 스케치를 진행합니다.

⑤ **3D 렌더링(Rendering) 진행**

최종적으로 선택된 스케치를 기반으로 3D 렌더링을 통해 구체적으로 시각화합니다.

→ 희망열거법을 이용한 페트병 아이데이션(Ideation)

| Function | Shape | Eco |
|---|---|---|
| · 액체뿐만 아니라 다른 것도 담을 수 있는 페트병<br>· 과자를 담을 수 있는 페트병<br>· 뜨거운 액체를 담아도 뜨겁지 않은 페트병<br>· 빨대 보유<br>· 컵 보유 | · 합체 분리가 가능한 페트병<br>· 일반적인 모양이 아니고 다양한 모양<br>· 컵이 달려있다. | · 씻어서 재사용할 수 있는 페트병<br>· 장기간 써도 유해물질이 생기지 않음<br>· 재활용할 수 있는 페트병 |

**콘셉트(Concept)**

다양한 기능이 있는 MULTI 페트병 + 재활용을 할 수 있는 페트병

→ 도출된 최종 콘셉트에 따라 아이디어 스케치 진행한다.

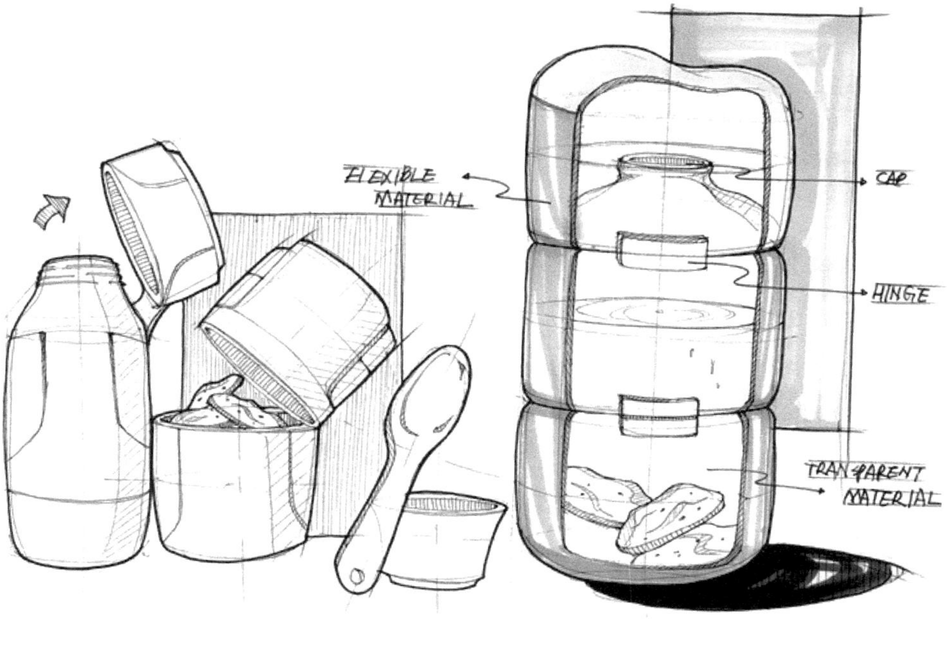

→ 전개된 아이디어 스케치 중에서 디자인 콘셉트나 방향에 맞는 안을 선정하여 렌더링 진행한다.

## ❷ 발상 사례 2

### ① 세탁기 대상물 선정

**'휴대용 세탁기'**를 주제로 선택하고, 더 혁신적이고 실용적인 개선 아이디어를 탐구합니다.

### ② 희망 사항 나열

세탁기 사용 중 바라는 희망 사항들을 자유롭게 나열합니다.

㈎ 자동으로 세제 충전, 소음 최소화, 시간 단축 등

### ③ 아이디어 분류

나열된 희망 사항을 다음 범주로 분류합니다.

– 기능(Function): 사용성과 성능을 개선하는 아이디어

– 형태(Shape): 세탁기의 디자인 및 크기 관련 개선점

– 표시창(Display): 사용자 인터페이스나 화면 관련 아이디어

④ **콘셉트 도출 및 자유 스케치 진행**

분류된 아이디어를 바탕으로 최종 콘셉트를 도출하고, 선택된 콘셉트에 따라 자유롭게 스케치를 진행하여 디자인 방향을 구체화합니다.

⑤ **3D 렌더링(Rendering) 진행**

최종적으로 선택된 아이디어 스케치를 기반으로 3D 렌더링을 진행하여 디자인을 시각적으로 구체화합니다.

→ 희망 열거법을 이용한 휴대용 세탁기 아이데이션(Ideation)

1. 휴대용 세탁기
   필요한 세제와 물을 넣어 수정액처럼 가볍게 가지고 다닐 수 있다.
2. 다른 세탁을 동시에 빨 수 있는 세탁기
3. 굴러다니는 세탁기
4. 캐리어 + 세탁기
5. 불순물 탐지 가능 세탁기
6. UI + LED
7. SMART 세탁기
   오늘의 날씨를 알려주는 기능, 해당버튼의 세탁방식 등 다양한 정보 제공
8. 세제 적정량 알람 기능
9. 옷걸이를 건 채로 건조 가능
10. 쓴 물로 화분에 물 주는 세탁기
11. 손빨래를 대신 해주는 세탁기
12. 작은 범위만 세탁이 가능한 세탁기
    와이셔츠에 묻은 작은 범위 이물질, 김치국물 등 부분세탁만 가능하게
13. 세탁이 용이하지 않은 세탁물 세탁이 가능한 세탁기
14. 개인용 세탁기(PT병 이미지)
15. 자동차용 세탁기
16. 물을 사용하지 않는 세탁기
17. 코너를 활용할 수 있는 세탁기
18. 세탁물의 여행(파이프 형태)
19. 수족관 + 세탁기
20. 빨래 후 드럼통이 올라감
21. 세제 적정량 알림 기능
22. 먼지를 제거하는 기능
23. 다림질 할 공간이 있는
24. 계절의 특성에 맞는 세탁기
25. 옷걸이에 건 채로 빨래하는 세탁기
26. 프린트기처럼 옷이 다려지는 세탁기
27. 구호용 세탁기
28. 공 형테의 세탁기(굴리면서 빨래)

* (음영) **2차 선택된 아이디어**

| Function | Shape | Display |
|---|---|---|
| · 손빨래는 대신 해주는세탁기<br>· 작은 범위만 세탁이 가능한 세탁기<br>· 세탁이 용이하지 않는 세탁물 (소파, 카펫 등)이 세탁 가능한 세탁기 | · 휴대용 세탁기<br>· 옷걸이게 건 채로 빨래하는 세탁기 | · UI + LED |

**콘셉트(Concept)**

작은 범위만 세탁이 가능한 세탁기 + UI+LED

→ 도출된 최종 콘셉트에 따라 아이디어 스케치 진행한다.

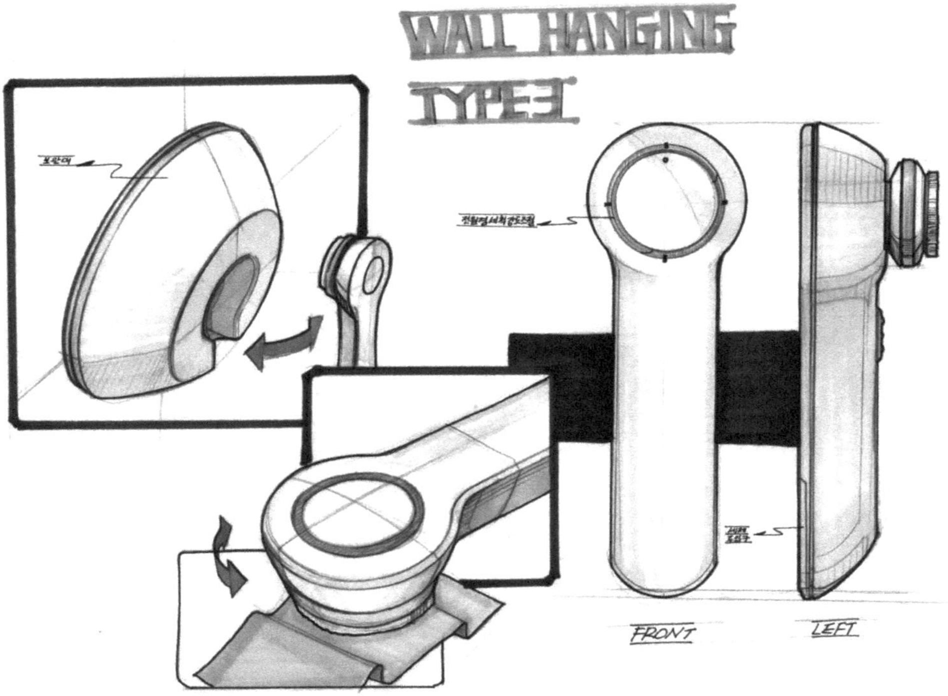


→ 전개된 아이디어 스케치 중에서 디자인 콘셉트나 방향에 맞는 안을 선정하여 렌더링 진행한다.

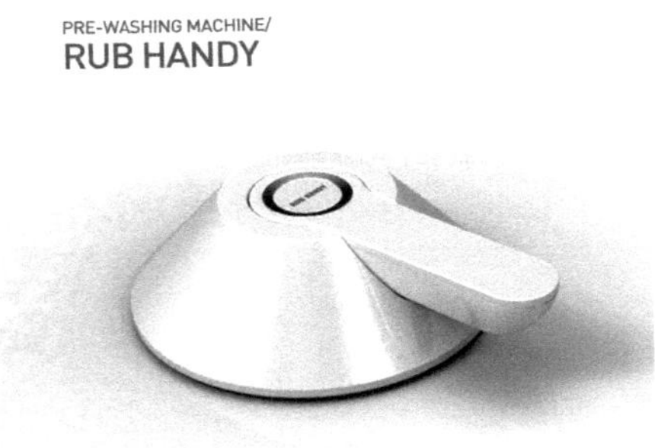

# 13. 결점 열거법
## (Bug Listing)

결점열거법은 제너럴일렉트릭 자회사 호로포인트에서 개발한 기법으로, 구성원들이 제품의 작은 결점이라도 철저히 열거하여 개선할 부분을 찾아내는 데 초점이 맞춰진 브레인스토밍의 변형 기법입니다. 핵심 과정과 장점으로는 다음과 같습니다.

**모든 결점 열거**

제품이나 서비스의 모든 단점을 철저히 관찰하고 나열합니다. 특수한 불편보다는 다수의 사람이 겪는 보편적 불편을 우선하여 찾아야 합니다.

**보편적 결점 분석**

열거된 결점은 제품에 대한 더 철저한 관찰과 조사를 기반으로 도출되어야 합니다. 이를 통해 시장의 요구에 맞는 해결책을 얻을 수 있습니다.

**해결 대안 탐색**

나열된 결점을 바탕으로 구체적인 개선 아이디어를 도출하여 대안을 제시합니다. 이 과정은 희망점 열거법과 반대로 문제해결 중심으로 진행됩니다.

– 장점: 제품 개선의 가능성을 체계적으로 탐구하고, 현실성 높은 대안을 발굴할 수 있으며, 많은 사람들이 공감할 수 있는 보편적 문제를 해결함으로써 시장의 호응을 유도합니다.

**결점열거법(Bug Listing)**

### ❶ 규칙 및 과정

- **대상 제시 및 결점 발견**

  특정 대상(제품, 서비스 등)을 선정하거나 주제를 설정한 뒤, 대상의 결점을 철저히 관찰하여 가능한 한 많은 결점을 열거합니다.

- **결점 정리 및 공통점 도출**

  찾아낸 결점들을 모아 열거한 뒤, 공통된 결점을 분석하고 이를 목록으로 정리합니다.

- **목록 평가 및 투표**

  – 참가자 전원이 정리된 목록을 검토하여 평가를 진행합니다.

  – 투표를 통해 결점들의 우선순위를 매깁니다.

- **상위 결점 검토 및 해결책 탐색**

  – 우선순위가 높은 결점부터 검토하여 결점을 보완하기 위한 해결 아이디어를 발굴합니다.

  – 단순히 문제점을 나열하는 데 그치지 않고, 대안을 제시하고 문제를 해결할 수 있는 방법을 창의적으로 모색합니다.

## ❹ 발상 사례 1

**① 대상물 선정**

**'립스틱'**을 주제로 선택하고, 제품 개선을 위한 첫 단계를 시작합니다.

**② 결점 사항 열거**

립스틱 사용 중 느낄 수 있는 불편함이나 개선이 필요한 점들을 철저히 열거합니다.

㊖ 내용물의 낭비, 용기 파손 문제, 휴대성 부족 등

**③ 중요도 순위 설정**

열거된 결점에 대해 참가자들의 의견을 바탕으로 중요 순위를 매기고, 소비자 경험에 큰 영향을 미치는 결점을 우선으로 설정합니다.

**④ 아이디어 분류**

결점 해결을 위한 아이디어를 다음과 같은 범주로 분류합니다

– 기능(Function): 뚜껑을 잊어버리지 않고 끝까지 사용

– 형태(Shape): 새로운 형태

**⑤ 콘셉트 도출**

분류된 아이디어 중 구체적이고 실행 가능한 콘셉트를 도출하고, 콘셉트는 사용자 중심적이며, 혁신적 접근을 반영해야 합니다.

**⑥ 스케치 및 3D 렌더링(Rendering)을 진행**

도출된 콘셉트를 기반으로 스케치를 진행하고, 3D 렌더링을 통해 디자인을 시각적으로 구현합니다.

→ 결점열거법을 이용한 립스틱 아이디에이션(Ideation)

1. 거울을 보고 그려야한다.
2. 뚜껑을 잃어버리기 쉽다.
3. 더운곳에서 립스틱이 녹는다.
4. 립스틱을 끝까지 못쓴다.
5. 돌리는 게 고장나서 헛돈다.
6. 내리지 않고 뚜껑을 닫으면 뭉개진다.
7. 립스틱을 떨어뜨리면 깨진다.
8. 립스틱에 먼지가 묻는다.
9. 어두운 곳에서 바르기 어렵다.
10. 스킨쉽할 때 옷에 묻는다.
11. 립 브러쉬를 따로 가지고 다녀야 한다.
12. 뭉개지면 바르기 어렵다.
13. 여러명이 같이 쓰기 비위생적이다.
14. 뚜껑이 잘 열린다.
15. 가지고 다니기 귀찮다.
16. 요플레 현상이 생긴다.
17. 두께 조절하기 어렵다.
18. 원하는 색을 섞어 쓰기 어렵다.
19. 립스틱이 너무 비슷한 모양이다.
20. 돌리는 방향이 헷갈린다.

| Function | Shape |
|---|---|
| · 뚜껑을 잃어버리기 쉽다<br>· 끝까지 사용하기 어렵다 | · 비슷한 형태다 |

**콘셉트(Concept)**
다양한 기능을 결한시킨 디자인이면 좋겠다.

→ 도출된 최종 콘셉트에 따라 아이디어 스케치를 진행한다.

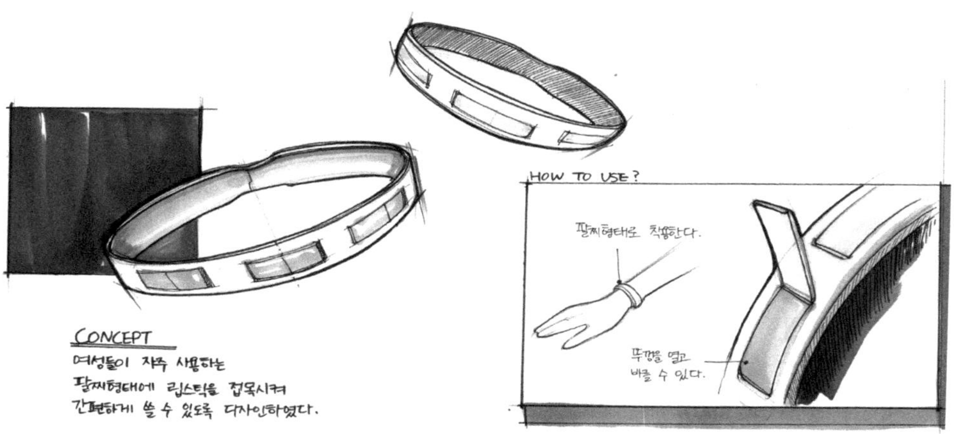

→ 전개된 아이디어 스케치 중에서 디자인 콘셉트나 방향에 맞는 안을 선정하여 렌더링 진행한다.

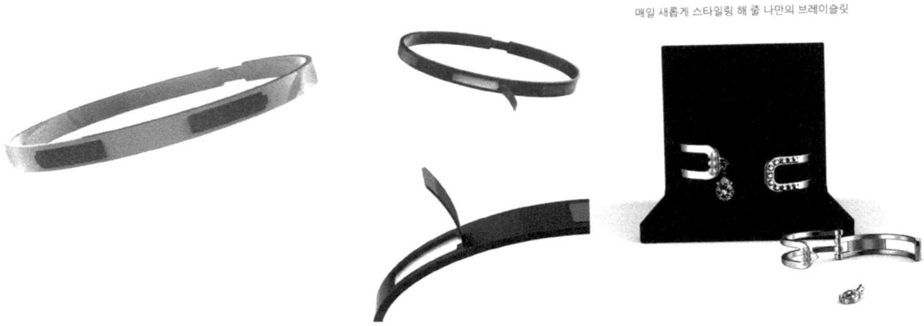

## ❹ 발상 사례 2

### ① 세탁기 대상물 선정

**'휴대용 세탁기'**를 디자인 주제로 설정하여 개선점을 탐구합니다.

### ② 결점 사항 열거

세탁기 사용 시 느껴지는 모든 불편함과 결점 사항을 철저히 조사하고 나열합니다.

㉥ 소음 문제, 세제 낭비, 복잡한 작동 방식 등

### ③ 결점 분류

열거된 결점을 다음 세 가지 범주로 분류합니다

– 기능(Function): 세탁 성능, 세제 분배 방식, 에너지 효율성 등과 관련된 결점

– 형태(Shape): 크기, 디자인, 설치 편의성 등 외형적인 요소

– 표시창(Display): 사용 인터페이스, 정보 표시 화면 등 사용자와의 상호작용 관련 부분

④ **콘셉트 도출**

분류된 결점을 바탕으로, 구체적이고 혁신적인 콘셉트를 도출합니다.

㉮ 저소음 친환경 세탁기, 사용법이 간단한 스마트 세탁기 등

⑤ **스케치 및 3D 렌더링(Rendering) 진행**

최종적으로 선택된 콘셉트를 기반으로 자유 스케치를 진행하며, 디자인 방향을 구체화하고, 스케치를 통해 도출된 디자인을 3D 렌더링하여 시각적으로 표현합니다.

➜ 결점열거법을 이용한 세탁기 아이데이션(Ideation)

1. 바구니 사용이 귀찮음
   그럼통 채로 꺼낼 수 있어 빨래바구니로 도 사용 가능
2. 세탁물 구분이 귀찮음
   칸막이, 파티션을 자유롭게 설치, 한번에 세탁방식이 다른 세탁물을 동시세탁 가능
3. 많은 양의 세탁물을 꺼낼 때 불편
4. 허리 숙임의 불편함
   드럼통이 밖으로까지 슬라이드 형식으로 나오면 각도상 사용할 때 편리할 듯
5. 인터페이스의 복잡함
   최대한 단순화시킨 UI, 버튼 하나로 세탁기 사용 가능
6. 세탁 상식이 없는 불편함
   해당 버튼을 터치하면, 기본 세탁상식이 뜬다
7. 세척이 불편한 세제 투입구
   투입구를 따로 분리하고 조립가능하다.
8. 불순물을 넣었을 때 기계, 옷감 손상
   공항 보안검색에서 착안
9. 무거워서 옮기기 힘듦
   바퀴 2개가 뒤에 위치, 캐리어 같은 바퀴 내장
10. 의복의 세탁이 불편함
11. 찌든때 제거가 어렵다.
12. 소음이 심하다.
13. 세제가 분해되지 않는다.
14. 세탁물의 종류가 다를 경우 세탁이 복잡하다.
15. 소량 빨래시 물이 아깝다.
16. 물빠짐의 위험이 있다.
   흰 티셔츠와 진항 청바지를 동시 세탁이 불가능하다.
17. 주머니 속 내용물로 인한 파손 가능, 위험성
18. 전력량 소모가 심하다.
19. 유아의 안전 사고 위험이 있다.
20. 세탁기가 너무 비슷한 형태이다.
21. 부수적인 비용이 든다.
22. 수평이 맞는 곳에 설치해야 한다.
23. 중가넹 세탁물 추가가 불가능하다.
24. 세탁 후 습함(냄새)
25. 호스 및 선정리의 불편함
26. 수납 공간이 부족하다.
27. 위생의 문제점(곰팡이)
28. 세탁 후 빨래 엉킴 현상.
29. 벼락 맞을 가능성이 있다.
30. 빨래 후 먼지 잔여물
31. 세탁 시간이 일치하지 않음
32. 공동 세탁기의 찜찜함

* (음영) **2차 선택된 아이디어** (5, 11, 15, 18, 20)

| Function | Shape | Display |
|---|---|---|
| · 찌든때 제거가 어렵다.<br>· 소량 빨래 시 물이 아깝다.<br>· 전령량 소모가 심하다. | · 세탁기가 너무 비슷항 형태이다. | · 인터페이스가 복잡하다. |

**콘셉트(Concept)**

새로운 형태의 소량 빨래의 기능만 가진 간편한 세탁기

→ 도출된 최종 콘셉트에 따라 아이디어 스케치 진행한다.

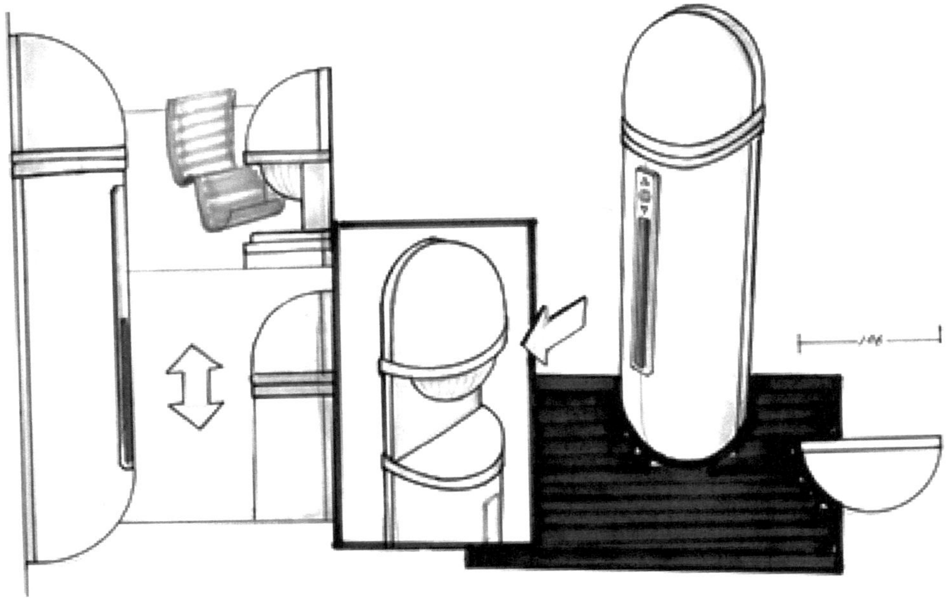

→ 전개된 아이디어 스케치 중에서 디자인 콘셉트나 방향에 맞는 안을 선정하여 렌더링 진행한다.

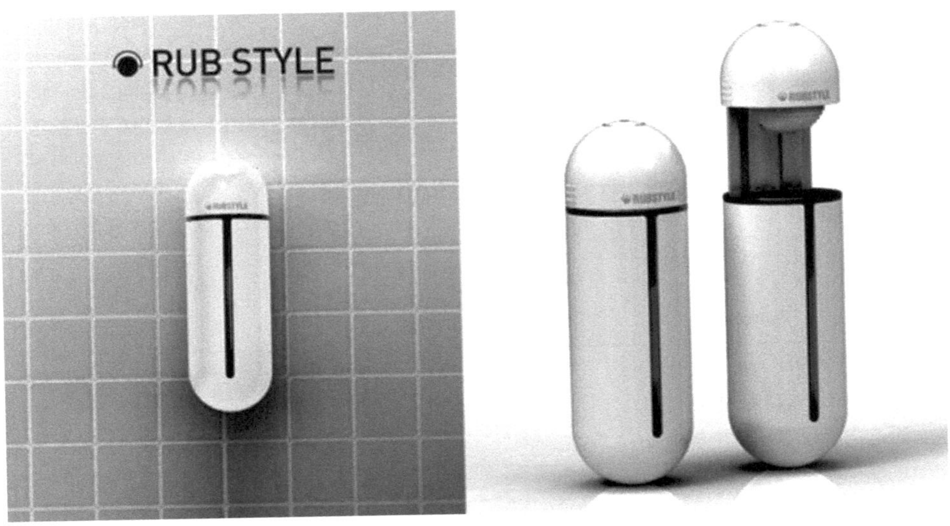

# 14. 여섯 색깔 사고 모자 기법
## (6 Thinking Hats)

에드워드 드 보노(Dr. Edward de Bono)가 말한 사고 방법으로 여섯 개의 다른 색상의 모자를 쓰고 모자의 색상에 맞춰 사고를 하는 방법입니다. 모자가 가지는 의미만 생각하다가 모자를 바꾸어 써 가며 넓은 사고를 하는 방법입니다. 즉, 자기 생각을 버리고, 의도적으로 다른 생각을 하게 함으로써 폭넓은 사고력을 신장시키게 하는 기법입니다. 백색은 중립과 객관, 적색은 감정과 직관, 흑색은 부정적인 이유, 황색은 긍정적인 이유, 녹색은 파생적인 아이디어, 청색은 기준과 요약을 담당합니다.
장점은 첫째, 사고 확장으로 단일 사고방식에 머물지 않고 다양한 관점을 통해 문제를 다각적으로 분석합니다.
둘째, 창의적 해결책으로, 기존의 틀에서 벗어나 새롭고 혁신적인 아이디어를 개발할 수 있습니다.

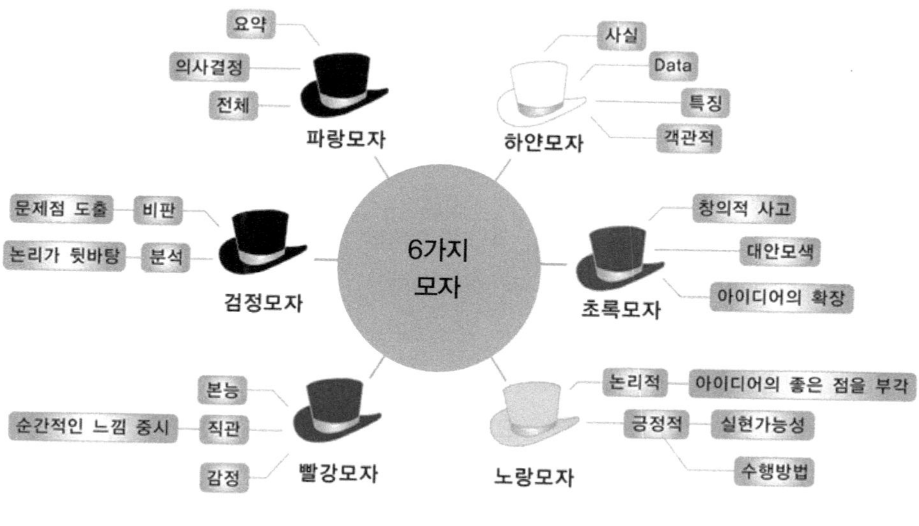


| 6색 모자 법 프로세스

**여섯 색깔 사고 모자 기법색(6 Thinking hats)은 어떻게 사용하는가?**

6색 모자 법은 2가지 목적을 가지고 있습니다. 첫 번째는 한 번에 한 가지 생각만을 다루게 함으로써 사고를 단순하게 처리하는 것이며, 두 번째는 사고에서 교대를 인정하는 것입니다. 모자를 바꿔 쓰면서 여러 가지 다른 사고를 수행하는 기회를 가질 수 있습니다.

## 여섯 색깔 사고 모자 기법(6 Thinking Hats)

### ❶ 각 모자의 특징

**모자 색상별 의미 및 사고 방식**

① **백색 모자**(Neutral&Objective)

중립적이고 객관적인 사고를 의미하며, 데이터와 사실에만 집중합니다.

㉄ "이 문제와 관련된 구체적인 사실과 자료는 무엇인가?"

② **적색 모자**(Emotion&Intuition)

감정, 직관, 본능적인 반응에 집중합니다.

㉄ "이 문제에 대해 나의 직감은 어떻게 말하고 있는가?"

③ **흑색 모자**(Critical&Negative)

위험 요소와 부정적인 결과를 분석하며, 비판적 사고를 촉진합니다.

㉄ "이 아이디어가 실패할 가능성은 무엇인가?"

④ **황색 모자**(Positive&Optimistic)

긍정적인 관점에서 아이디어의 이점과 잠재력을 탐구합니다.

㉄ "이 아이디어가 성공할 경우 어떤 이점을 가져올 수 있는가?"

⑤ **녹색 모자**(Creative&Generative)

창의적인 아이디어와 대안을 도출하는 사고를 의미합니다.

㉄ "새로운 아이디어나 접근 방식은 무엇이 있을까?"

⑥ **파란 모자**(Control&Summary)

사고 과정의 흐름을 정리하고, 전체적인 관리를 담당합니다.

㉄ "이제 우리의 사고 과정을 어떻게 요약할 수 있을까?"

### ❷ 규칙

이 방법은 대화나 회의 등에서 수시로 사용할 수 있고 또는 사용할 사고 모자의 순서를 미리 정해 놓고 체계적으로 사용할 수도 있습니다.

- 사고 모자는 몇 번이고 사용할 수 있습니다.
- 대체로 긍정적 판단을 위해 노란 모자 다음에 검은 모자를 사용합니다.
- 아이디어를 생성하고자 할 때는, 하얀 모자 → 초록 모자 → 노란 모자 → 검은 모자 → 파란 모자 → 빨간 모자 순으로 사고합니다.
- 아이디어를 판단할 때는, 빨간 모자 → 노란 모자 → 검은 모자 → 초록 모자 → 파란모자→ 하얀 모자 순으로 사고합니다.

### ❸ 발상 사례 1

**① 대상물 선정**

**'페트병'**을 디자인 주제로 선택하며, 기존 제품의 문제점과 잠재적 개선 방향을 탐구합니다.

**② 여섯 색깔 모자를 활용한 사고 진행**

– 백색 모자: 데이터와 객관적 사실에 기반하여 페트병의 재질, 용량, 친환경성 등을 분석합니다.

– 적색 모자: 감정과 직관을 통해 사용자 경험 및 만족도를 고려한 아이디어 도출

– 흑색 모자: 페트병의 단점과 환경적 영향을 비판적으로 검토

– 황색 모자: 긍정적 측면, 예를 들어 재활용 가능성과 비용 효율성을 강조

– 녹색 모자: 새로운 창의적 아이디어, ㉖ 접이식 페트병, 다기능 사용 등을 탐구

– 청색 모자: 전체 사고 과정을 정리하며, 논의된 아이디어를 체계적으로 평가

**③ 아이디어 분류**

여섯 모자를 활용한 사고에서 도출된 아이디어를 다음 범주로 분류합니다.

– 기능(Function): 환경친화적 요소, 편리한 사용성 개선

– 형태(Shape): 미적 디자인, 페트병의 크기와 형태 혁신

**④ 최종 콘셉트 도출 및 스케치 진행**

분류된 아이디어를 기반으로 실행할 수 있는 최종 콘셉트를 도출하며, 자유로운 스케치 작업을 통해 디자인을 구체화합니다.

**⑤ 3D 렌더링(Rendering) 진행**

스케치 결과물을 3D 렌더링하여 시각적으로 표현하며, 최종 디자인을 완성합니다.

**→ 6색 모자 방법을 이용한 페트병 아이데이션(Ideation)**

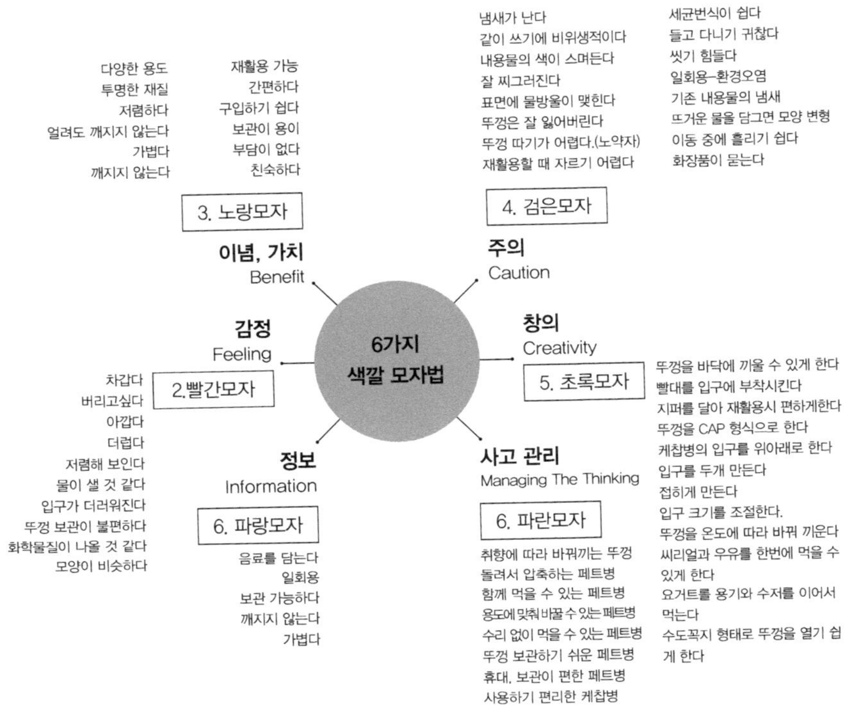


발상한 아이디어 중 구체화할 수 있는 아이디어 선정하고, 콘셉트를 도출한다.

▼

| 하얀모자 | 빨간모자 | 노랑모자 | 검은모자 | 초록모자 | 파랑모자 |
|---|---|---|---|---|---|
| 음료를 담는다<br>일회용<br>보관 가능하다<br>깨지지 않는다<br>가볍다 | 차갑다<br>버리고 싶다<br>아깝다<br>더럽다 | 다양한 용도<br>투명한 재질<br>저렴하다<br>열려도 깨지지 않는다<br>가볍다<br>깨지지 않는다 | 일요용-환경오염<br>기존 내용물의 냄새<br>뜨거운 물을 담으면 모양이 변한다.<br>이동 중 흘리기 쉽다. | 뚜껑을 바닥에 기울 수 있게 한다.<br>빨대를 입구에 부착시킨다<br>지퍼를 달아서 재활용 할 때 편하게 한다<br>뚜껑을 CAP 형식으로 한다 | 뚜껑 보관하기 쉬운 페트병<br>보관하기 편한 페트병<br>사용하기 편리한 케찹병 |

→ 도출된 최종 콘셉트에 따라 아이디어 스케치 진행한다.

→ 전개된 아이디어 스케치 중에서 디자인 콘셉트나 방향에 맞는 안을 선정하여 렌더링 진행한다.

### ❷ 발상 사례 2

#### ① 대상물 선정

**'화장품 냉장고'**를 주제로 선택하여 아이디어 개발을 시작합니다.

#### ② 여섯 색깔 모자를 활용한 사고 진행

- 백색 모자(Neutral&Objective): 화장품 냉장고의 현재 기술과 기능, 크기, 소비 전력 등 객관적인 데이터를 검토
- 적색 모자(Emotion&Intuition): 사용자 감정과 만족도를 고려하여 제품 사용시 느끼는 편리함이나 불편함 분석
- 흑색 모자(Critical&Negative): 단점과 한계 분석 ㉔ 소음, 에너지 소모량, 공간 차지 등
- 황색 모자(Positive&Optimistic): 긍정적인 면을 탐구 ㉔ 화장품의 신선도 유지, 공간의 미적 요소 기여 등
- 녹색 모자(Creative&Generative): 새로운 창의적 아이디어 제시 ㉔ 스마트 온도 조절, 멀티 수납 기능, LED 조명 추가
- 청색 모자(Control&Summary): 각 사고를 종합하고 디자인 방향성과 콘셉트를 정리

#### ③ 아이디어 분류

사고 과정에서 도출된 아이디어들을 다음의 범주로 분류합니다.

- 기능(Function): 자동 온도 조절, 에너지 절약 모드, UV 살균 기능 등
- 형태(Shape): 미니멀리즘 디자인, 손잡이 없는 매끄러운 표면, 공간 효율적인 크기
- 표시창(Display): 터치 스크린 온도 조절, 내부 내용물 상태 표시, 스마트 앱 연동

#### ④ 최종 콘셉트 도출 및 스케치 진행

분류된 아이디어를 바탕으로 실행할 수 있는 최종 콘셉트를 도출하고, 자유로운 스케치를 통해 디자인 구체화합니다.

#### ⑤ 3D 렌더링(Rendering) 진행

스케치를 바탕으로 3D 렌더링을 통해 디자인을 시각적으로 표현하며 완성합니다.

**→ 6가지 색깔 모자 방법을 이용한 화장품 냉장고 아이데이션(Ideation)**

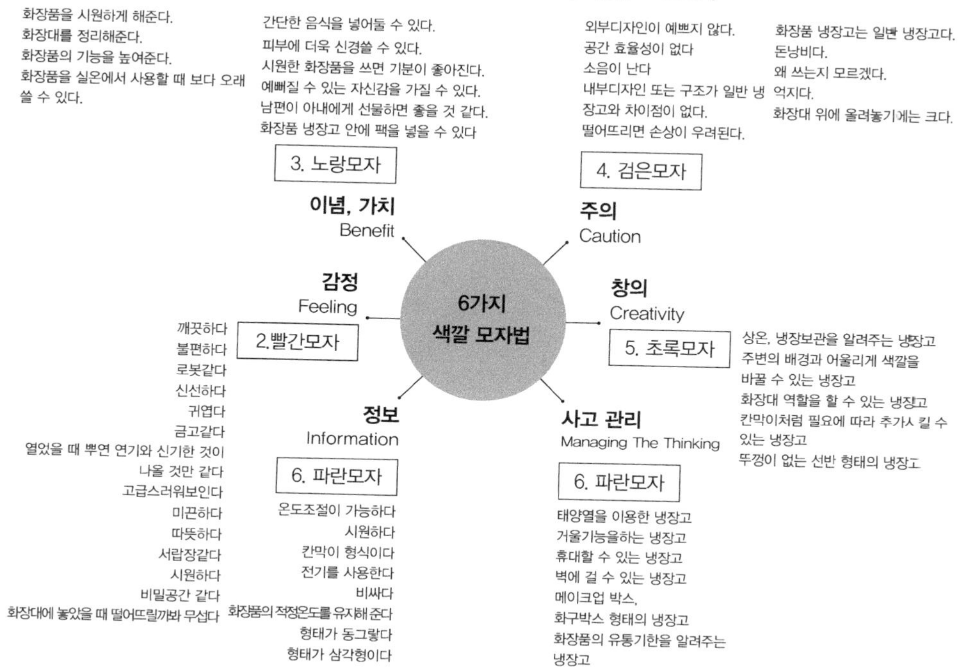


발상한 아이디어 중 구체화할 수 있는 아이디어 선정하고, 콘셉트를 도출한다.

▼

| 하얀모자 | 빨간모자 | 노랑모자 | 검은모자 | 초록모자 | 파란모자 |
|---|---|---|---|---|---|
| 문이 있다.<br>형태가 네모다.<br>칸막이 형식이다. | 서랍장 같다.<br>화장대에 놓았을 때 떨어뜨릴까봐 무섭다. | 화장품을 시원하게 해준다.<br>화장품의 기능을 늘려준다. | 내부디자인 또는 구조가 일반 냉장고와 다를 것이 없다. | 책꽂이 칸막이처럼 필요에 따라 추가 시킬 수 있는 냉장고 | 화장품의 유통기간을 알려주는 냉장고 |

| Function | Shape | Problem |
|---|---|---|
| · 화장품을 시원하게 해준다.<br>· 화장품의 기능을 늘려준다.<br>▶ 화장품의 유통기간을 알려주는 냉장고 | · 문이 있고, 형태가 네모다.<br>· 칸막이가 있어 서랍장 같다.<br>▶ 책꽂이 칸막이처럼 필요에 따라 추가 시킬 수 있는 냉장고 | · 내부디자인 또는 구조가 일반냉장고와 다를 것이 없다.<br>▶ 화장대에 놓았을 때 떨어뜨릴까봐 무섭다. |

| 콘셉트(Concept) |
|---|
| 책갈피를 모티브로 다양한 수납이 가능한 형태 + LED를 이용하여 위상 상태를 표시 |

→ 도출된 최종 콘셉트에 따라 아이디어 스케치 진행한다.

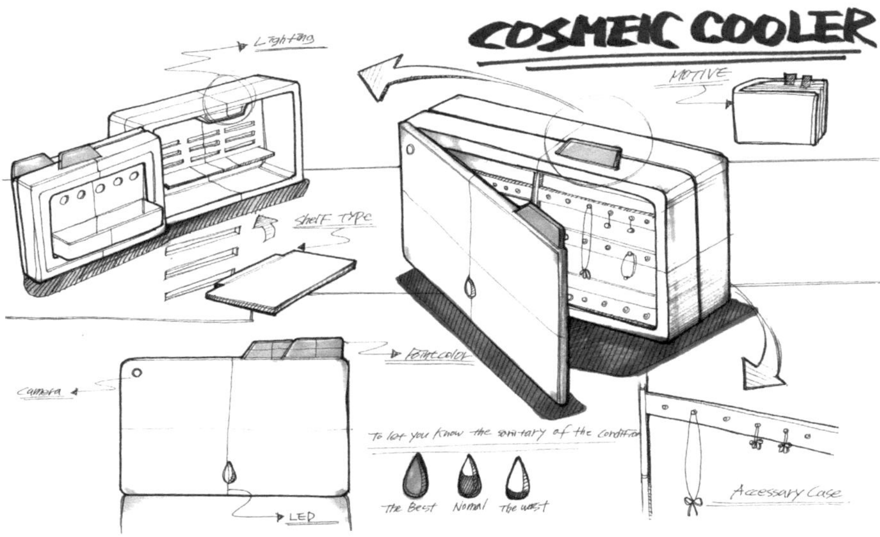


→ 전개된 아이디어 스케치 중에서 디자인 콘셉트나 방향에 맞는 안을 선정하여 렌더링 진행한다.

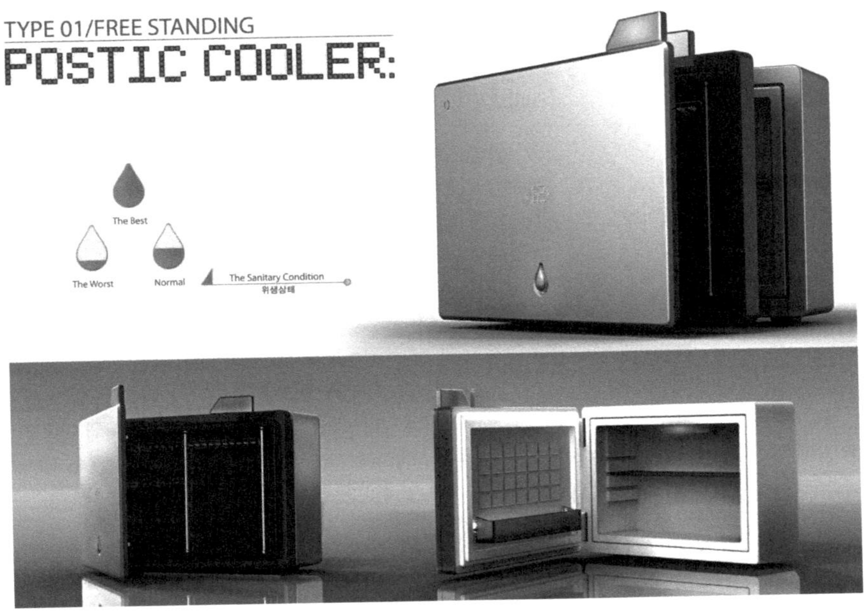

# 15. 속성열거법
## (Attribute Listing)

속성열거법은 1930년대에 네브라스카 대학의 교수인 Robert Crawford가 고안한 방법으로, 공정한 제품과 서비스 개선 기회를 찾기 위한 아이디어 창출 방법입니다. 이 방법에서는 문제 해결안이나 개선 아이디어를 찾기 위해 제품이나 서비스의 공정 속성을 체계적으로 변화시키거나 다른 것으로 대체하며, 문제의 속성(모양, 크기, 색깔, 특성 등)을 가능한 한 잘게 나누어서 열거해 봄으로써 기존의 개념이나 원리와는 다른 새로운 아이디어를 창출하는 발명 기법입니다.
장점으로는 제품이나 서비스의 세부 사항을 분석적으로 접근하여 구체적이고 실질적인 개선 기회를 제공하고 기존 틀에서 벗어난 창의적 해결책 도출 가능합니다.

### 속성열거법(Attribute Listing)

#### ❶ 방법

속성을 크게 명사적 속성, 형용사적 속성, 동사적 속성의 3가지로 나눌 수 있는데, 각 속성에 대한 의미와 예는 다음과 같습니다.

| 속성의 성질 | 의미 | 예(EX:주전자) |
|---|---|---|
| 명사적 속성 | 전체, 부분, 재료, 제조방법 | 주전자의 손잡이, 뚜껑, 김이나오는 구멍, 동체, 주둥이, 바닥 |
| 형용사적 속성 | 성질 | 주전자는 황색, 가볍다, 무겁다, 지저분하다, 크다, 작다 |
| 동사적 속성 | 기능 | 주전자는 물을 데운다, 물을 넣는다 |

## ❸ 발상 사례 1

① **대상물 선정**

**'빗자루'**를 주제로 선택하고, 실용성과 사용자 경험을 개선하기 위해 아이디어 발상을 시작합니다.

② **명사적, 형용사적, 동사적 속성 열거**

– 명사적 속성: ㉠ 손잡이, 솔, 길이, 재질

– 형용사적 속성: ㉠ 가벼운, 유연한, 친환경적인

– 동사적 속성: ㉠ 쓸다, 모으다, 이동하다

③ **아이디어 범주별 분류**

열거된 속성을 기능, 형태, 표시창(필요 시 추가적인 디스플레이) 등의 범주로 분류하여 개선점과 새로운 방향성을 모색합니다.

– 기능(Function): 세척 가능한 솔, 조절 가능한 손잡이 길이 등

– 형태(Shape): 인체공학적 손잡이 디자인, 접이식 빗자루 등

– 표시창(Display): 청소량 또는 사용 시간 표시를 위한 스마트 센서 추가

④ **아이디어 보완 및 팀 논의**

팀원들과 논의하여 아이디어를 발전시키고, 보완점이나 추가 개선 사항을 도출합니다.

⑤ **최종 콘셉트 도출**

논의를 통해 실행 가능하고 혁신적인 최종 콘셉트를 선정합니다.

⑥ **아이디어 스케치 진행**

도출된 콘셉트를 바탕으로 자유롭게 스케치를 진행하며, 디자인 방향성을 구체화합니다.

⑦ **3D 렌더링(Rendering) 진행**

스케치를 기반으로 3D 렌더링을 통해 디자인을 시각화하여 최종 결과물을 완성합니다.

➜ 속성열거법을 이용한 쓰레기통 아이데이션(Ideation)

| 명사적 속성 | 형용사적 속성 | 동사적 속성 |
|---|---|---|
| 〈재료〉 | 〈성질〉 | 〈기능〉 |
| 플라스틱 | 솔이 많다. | 쓰레기를 쓴다. |
| 손잡이 | 디자인이 획일화되어 있다. | 쓰레기를 버린다. |
| 솔 | 칙칙하다. | 먼지를 턴다. |
| 나무 | 더럽다. | 쓰레기를 담는다. |
| 고무 | 솔 사이에 먼지가 낀다. | 쓰레기를 모은다. |
| 끈 | 걸 수 있는 고리가 있다. | 쓰레받기에서 빗자루를 뗀다. |
| 실리콘 | 아랫면이 평평하다. | 빗자루를 고리에 건다. |
| 쓰레받기 | 까끌까끌하다. | 솔에 있는 먼지를 뗀다. |
| | 투박하다. | 손잡이를 잡는다. |
| | 길쭉하다. | 책상 위에 보관한다. |
| | 얇다. | |

· 더럽다. → 상자를 만든다.
· 솔 사이에 먼지가 낀다. → 분리형으로 만든다.
· 책상 위에 보관한다. → 크기를 줄인다.

**콘셉트(Concept)**
청결하게 보관할 수 있는 탁상용 미니 빗자루

➜ 도출된 최종 콘셉트에 따라 아이디어 스케치 진행한다.

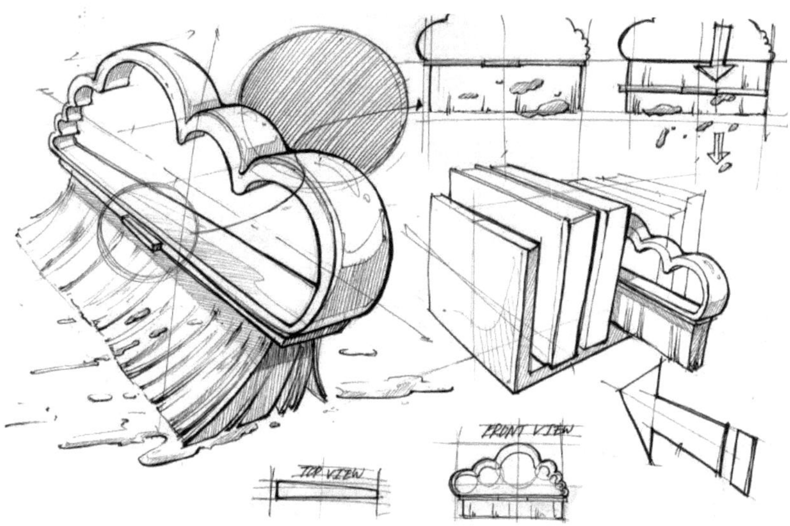

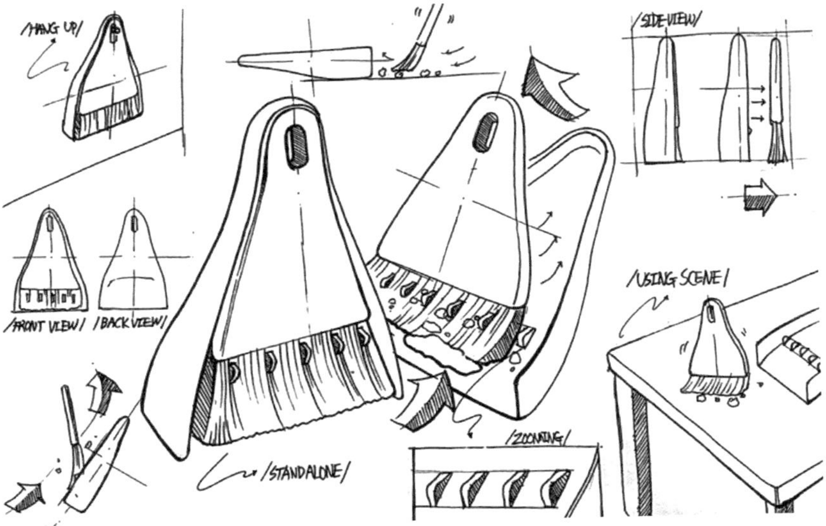


→ 전개된 아이디어 스케치 중에서 디자인 콘셉트나 방향에 맞는 안을 선정하여 렌더링 진행한다.

## ❹ 발상 사례 2

① **대상물 선정**

**'전기주전자'**를 주제로 선택하며, 사용자 경험 개선을 목표로 합니다.

② **전기주전자의 3가지 속성 열거**

– 명사적 속성: 본체, 손잡이, 뚜껑, 주입구, 내부 코팅 재질 등

– 형용사적 속성: 내구성 있는, 빠른 가열, 친환경적인, 안전한 등

– 동사적 속성: 끓이다, 따르다, 청소하다, 보관하다.

③ **아이디어를 범주별로 분류**

도출된 아이디어를 다음과 같은 범주로 분류합니다.

– 기능(Function): 물의 온도를 정확히 조절하는 온도 설정 기능, 자동 꺼짐 안전 장치, 에너지 효율성 향상

– 형태(Shape): 인체공학적 손잡이, 공간 절약형 디자인, 이중 단열 구조

– 표시창(Display): 온도와 물 양을 표시하는 디지털 화면, 작동 상태를 알리는 LED 표시등

④ **아이디어 보완 및 팀 논의**

팀원들과 논의하며 각 아이디어의 현실성과 개선 가능성을 평가하고, 추가적인 개선점을 도출합니다.

⑤ **최종 콘셉트 도출**

논의된 내용을 바탕으로 사용자 중심적이고 혁신적인 최종 콘셉트를 선정합니다.

⑥ **아이디어 스케치 진행**

선택된 콘셉트를 바탕으로 자유로운 스케치를 통해 디자인 방향을 구체화합니다.

⑦ **3D 렌더링(Rendering) 진행**

스케치를 기반으로 3D 렌더링을 진행하여, 시각적으로 완성된 형태를 표현합니다.

➔ 속성열거법을 이용한 전기주전자 아이데이션(Ideation)

| **명사적 속성** | | **형용사적 속성** | | **동사적 속성** | |
|---|---|---|---|---|---|
| 〈재료〉 | | 〈성질〉 | | 〈기능〉 | |
| 손잡이 | 버튼 | 길쭉하다. | 닫힌다. | 물을 끓인다. | 바닥에 세운다. |
| 열선 | 뚜껑 | 평평하다. | 잡는다. | 물을 따른다. | 손잡이를 잡는다. |
| 전선 | 스테인 | 열린다. | 뜨겁다. | 물을 보관한다. | 전기와 연결한다. |
| 고무 | 플라스틱 | | | 뚜껑을 닫는다. | |
| 알루미늄 | | | | | |

· 물을 끓이는 용도로 주로 사용되는데 대부분 제품이 스테인으로 제작되어 다치기 쉬움

· 뚜껑을 열 때 뜨거운 열기 때문에 부상 위험이 있음

· 전기주전자의 경우 물을 끓일 시 전기 코드를 연결해야 하는 번거로움이 있음 + 세척 어려움

| **콘셉트(Concept)** |
|---|
| 부상과 번거로움을 없앤 스마트 무선 전기 포트, 세척이 쉬운 깔끔한 디자인<br>일체형 디자인으로 세척이 쉽고 스마트폰의 앱과 연결하여 사용할 수 있어 편리하며 화상의 위험을 줄일 수 있다. |

→ 도출된 최종 콘셉트에 따라 아이디어 스케치 진행한다.

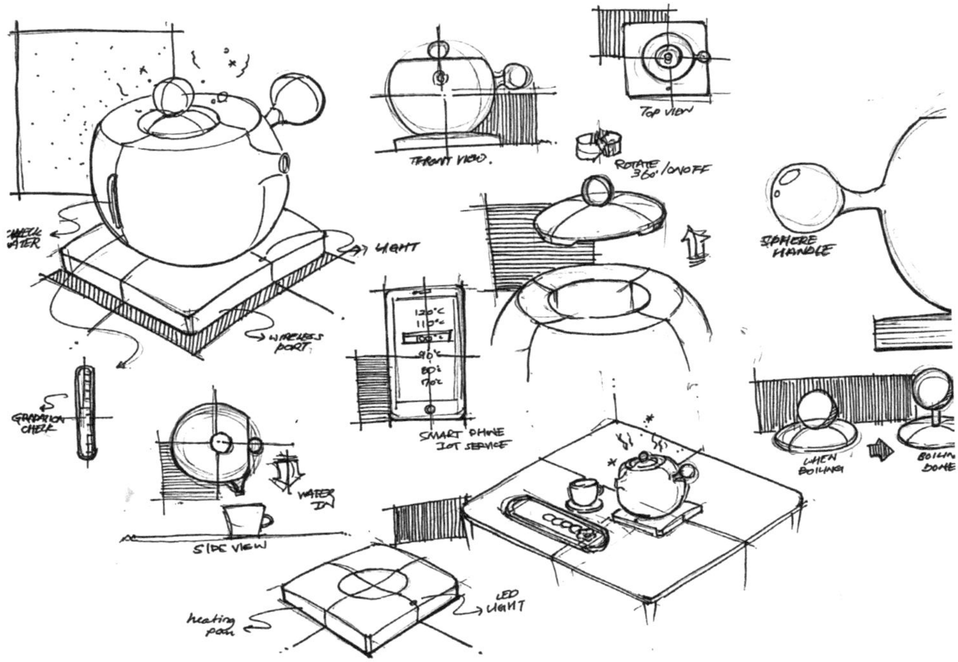


→ 전개된 아이디어 스케치 중에서 디자인 콘셉트나 방향에 맞는 안을 선정하여 렌더링 진행한다.

# 16. 스토리보드(Soryboard)/ 디자인 시나리오(Design Sceanario)

1928년, 월트 디즈니(Walt Disney)와 그의 동료들이 스토리보드를 처음 고안했습니다. 초기에는 만화영화의 주요 장면을 그림으로 시각화하는 방식으로 사용되었으며, 이를 기반으로 전체 줄거리를 완성하는 데 활용되었습니다. 현재 스토리보드는 다양한 분야에서 아이디어 창출과 전달을 위한 중요한 도구로 발전되었습니다.

간단한 스토리 보드(웹사이트 수정용)

세부적인 스토리보드(웹기획용)

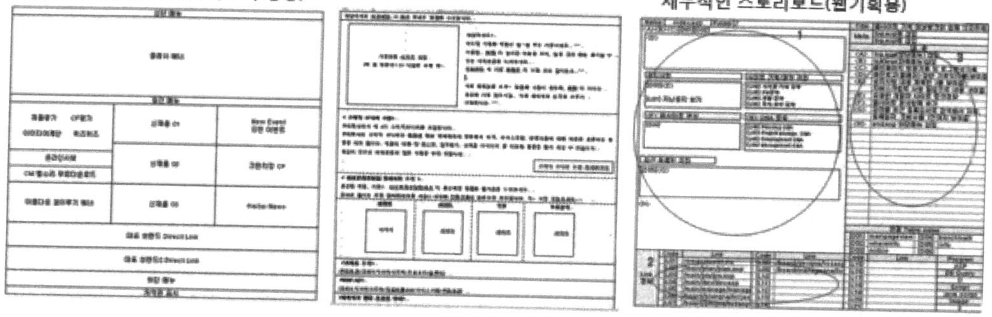

| 스토리보드를 이용한 아이디어 발상 예 – 간단한 스토리에서 세분화된 스토리로 발전

## 스토리보드(Storyboard)

### 특징 및 사용 방법

#### 아이디어 시각화

주요 장면이나 개념을 그림으로 표현하여 이야기나 아이디어를 시각적으로 그림과 텍스트를 조합하여 내용을 쉽게 이해할 수 있도록 설계합니다.

**구성 요소**

각 장면의 시각적 자료, 대화 또는 설명을 포함합니다.

장면 간의 흐름과 관계를 직관적으로 파악할 수 있도록 배치합니다.

**활용 범위**

영화 제작, 광고 기획, 교육 자료 개발, 제품 디자인 과정 등 다양한 분야에서 사용됩니다.

팀 협업 도구로 활용하여 아이디어를 공유하고 발전시킬 수 있습니다.

장점으로는 시각화를 통해 복잡한 개념을 쉽게 이해할 수 있으며,아이디어의 흐름과 구조를 명확히 하여 창의적이고 생산적인 작업을 지원합니다.

## ❶ 규칙 및 과정

- **문제 해결 영역 작성**

  참가자들은 문제 해결과 관련된 영역(속성)을 떠올리고, 각각의 영역을 큰 카드 한 장에 하나씩 작성합니다.

  ㉠ 기능, 형태, 사용자 인터페이스 등

- **해결책 카드 작성**

  작성된 각 영역 카드를 자극제로 삼아 떠오르는 해결책 아이디어를 개별 카드에 한 가지씩 작성합니다.

  ㉠ 기능 영역에서 "더 효율적인 에너지 소비" 또는 "자동화 설정 추가"와 같은 해결책

- **카드 정리 및 배치**

  작성된 해결책 카드를 해당 영역 카드 아래에 정리하거나 핀으로 고정하여 가시적으로 구성합니다.

- **아이디어 교차 자극 및 결합**

  각 해결책에서 새로운 아이디어를 얻거나, 다른 영역의 해결책들과 결합하여 추가적인 아이디어를 자극합니다.

  ㉠ 형태와 기능 해결책을 결합하여 "접이식 디자인과 더불어 온도 조절 기능 추가" 같은 새로운 아이디어 도출

- **아이디어 개선 및 결합 반복**

  충분한 수의 아이디어가 나올 때까지 또는 시간이 종료될 때까지 해결책 개선 및 결합 작업을 반복합니다.

  ㉠ 기존 아이디어에 새로운 요소를 추가하거나 수정하여 개선

### ❷ 제작 과정

#### ① 요소 확정

디자인 콘셉트와 사용자 특성을 확정합니다. 예: 사용자 성격, 취향, 나이, 성별 등을 설정하여 대상 사용자의 요구를 파악합니다.

#### ② '이야기와 메시지(Story&Message)' 결정

스토리보드를 통해 2–5개의 표현 요소를 어떤 순서로, 어떻게 표현할지 결정합니다.

명확하고 제한된 메시지를 설정하여 중점적으로 전달합니다.

#### ③ 개략적인 이야기의 흐름(Sketch Storylines) 설정

패널(Panel) 하나를 완벽하게 완성하려고 하지 않고, 전체적인 시간과 이야기의 흐름을 먼저 디자인합니다.

패널 크기, 틀, 설명 글 등을 다양하게 조정하여 강조 및 표현의 다양성을 부여합니다.

#### ④ 최종 스토리보드 제작

각 패널의 그림을 완성하고, 내용을 보완하기 위한 짧은 설명 글을 추가합니다.

단, 그림의 내용을 반복하는 설명 글은 지양합니다.

#### ⑤ 패널 다양화

모든 패널을 같은 방식으로 제작하지 않고, 강조를 위해 패널을 다양하게 디자인합니다.

크로즈업(close-up), 전체화면, 장면 배치, 그림 스타일 등 시각적 기법을 활용합니다.

스토리보드 제작 팁: 만화책이나 영화 스토리보드 스타일을 참고해 카메라의 위치, 장면 나열, 그림 스타일 등을 활용하면 더 효과적이고, 프레임과 설명 글은 컴퓨터 프로그램을 활용하여 깔끔하고 체계적으로 제작합니다.

### ❸ 발상 사례 1

→ 스토리보드를 활용한 아이데이션(Ideation)

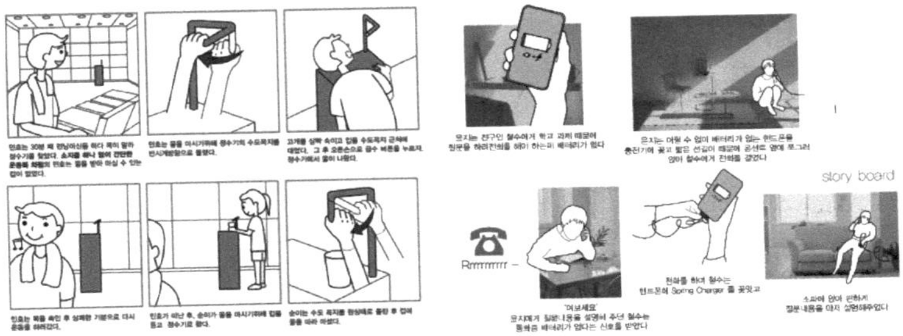


→ 도출된 최종 콘셉트에 따라 아이디어 스케치를 진행한다.

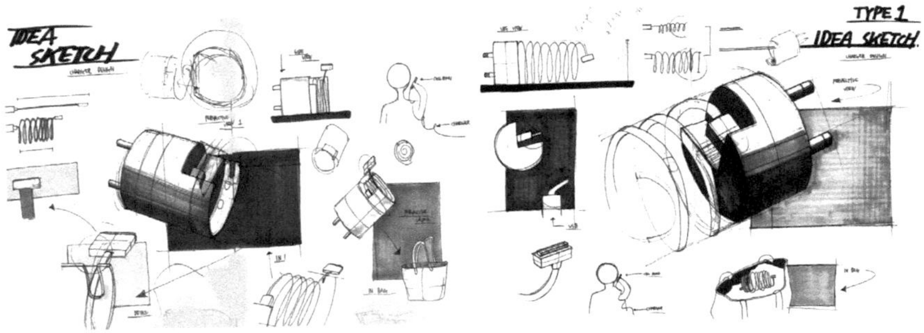


→ 전개된 아이디어 스케치 중에서 디자인 콘셉트나 방향에 맞는 안을 선정하여 렌더링 진행한다.

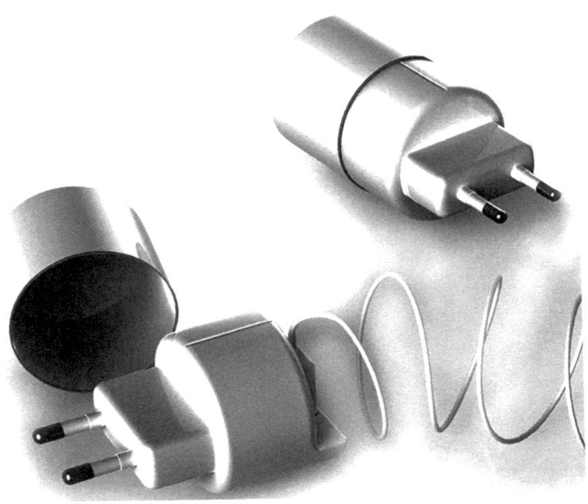

## ❹ 발상 사례 2

→ 스토리보드를 활용한 아이데이션(Ideation)

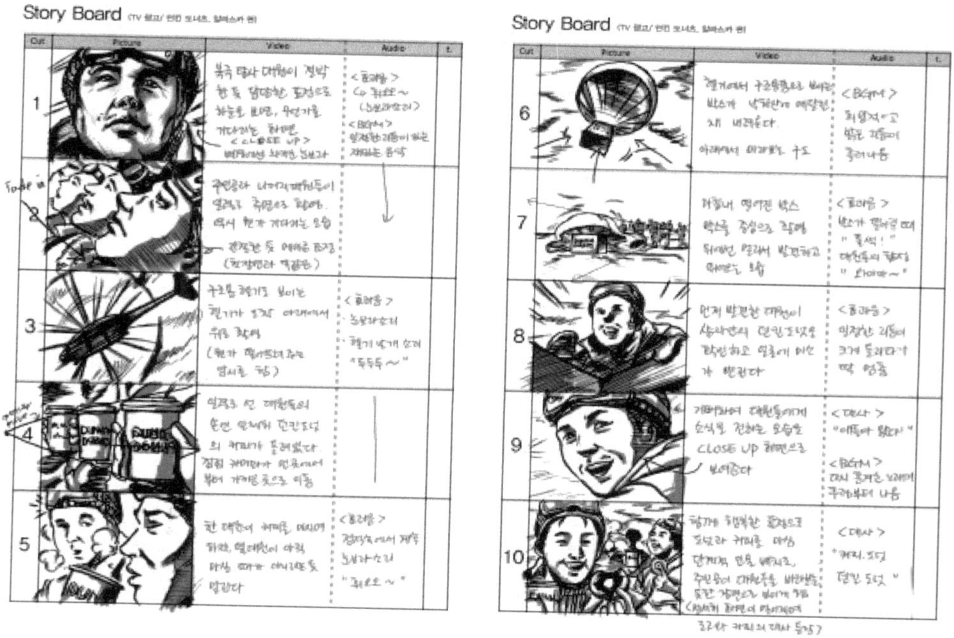


| 스토리보드를 이용한 '던킨도너츠' TV광고 아이데이션(Ideation) – 기준이 되는 컷마다 비디오 오디오, 등장인물의 설명 등을 분류하여 작성한다.

| 실제 TV광고 컷[6]

---

6 http://www.dunkindonuts.co.kr/company/tv_cf.htm?nSeq=3 [던킨도너츠 웹사이트]

## 시나리오 방법: 사용자 중심 디자인 개발 기법

### 정의 및 특징

시나리오 방법은 사용자의 근본적인 잠재 니즈를 바탕으로, 사용자와 제품 간의 상호작용을 구조화하여 설명하는 디자인 기법입니다. 디자인된 대상물이 사용되는 환경과 일련의 행동들을 이야기 형식으로 시각화하며, 사용자 중심의 문제해결을 목적으로 합니다.

시나리오는 제품 및 사용 환경에서의 요소 간 상호작용을 묘사하여, 제품 사용 시 나타나는 맥락과 행동 패턴을 이해하도록 돕고, 현실 또는 상상의 이야기를 통해 제품이 사용될 상황을 구체화합니다.

장점으로는

첫째, 사용자 요구 중심 출발점 제공으로 사용자의 니즈를 명확히 파악하며, 문제의 본질을 효과적으로 다룹니다.

둘째, 유동적 표현은 고정된 틀에 얽매이지 않고, 변화하는 디자인 이슈를 복합적으로 표현합니다.

셋째, 창의적 사고와 기술적 한계 극복은 디자이너에게 새로운 사고방식과 관점을 제공하며, 기술적 제약을 넘어설 아이디어 개발을 유도합니다.

넷째, 효율적인 프레젠테이션 도구로 조직과의 효과적인 소통을 돕고, 설득력 있는 프레젠테이션 자료로 활용하여 업무 효율을 향상합니다.

활용 사례로 시나리오 방법은 제품 디자인, 사용자 인터페이스 개발, 서비스 개선 등에서 유용하며, 팀 협업 및 의사결정 과정에서도 큰 역할을 합니다.

### ❶ 규칙 및 과정

시나리오 기반 디자인 방법에는 일반적으로 사용자 조사 단계와 아이디어 전개 단계를 연결하는 중간 과정으로 활용되며 사용자 프로필(User Profile) 설정에 따른 시나리오 작성 및 이를 바탕으로 한 디자인 전개 단계로 구성됩니다.

시나리오 기반 디자인은 사용자 중심의 문제해결을 위해 사용자 조사 단계와 아이디어 전개 단계를 연결하는 중간 과정으로 활용되고, 다음과 같은 규칙과 과정을 따릅니다.

- **관찰 조사 및 사용자 집단 특성 이해**

  인터뷰를 통해 사용자 집단의 특성과 행동 패턴을 분석하여 깊이 있는 이해를 제공합니다.

- **문제와 잠재 요구 발견**

  사용자 및 디자인 이슈에 대한 분석을 통해 사용자의 잠재 요구를 탐구하며, 현재의 문제점과 개선 가능성을 도출합니다.

- **시나리오 구성**

  사용자 특성 및 사용 환경과 관련된 이벤트 기반 시나리오를 작성하여, 제품 사용 상황에서의 상호작용과 맥락을 구체화합니다.

- **문제분석 및 해결 아이디어 발상**

  작성된 시나리오를 기반으로 문제를 분석하고, 사용자의 니즈를 충족시킬 혁신적인 해결 아이디어를 창출합니다.

## ❷ 발상 사례 1

**① 대상 설정**

**'물병'** 사용자들을 나이별로 그룹화하여 주제를 설정합니다.

㉔ 어린이, 청소년, 성인, 노인을 대상으로 구분

**② 사용자의 잠재된 요구 발견 및 문제점 정리**

인터뷰와 관찰을 통해 각 사용자 그룹의 물병 사용 시 잠재적 니즈를 파악하고, 느끼는 불편함과 문제점을 정리합니다.

㉔ 어린이의 경우 물병 열기 어려움, 성인의 경우 휴대성 부족

**③ 구체적인 사용자 프로필 및 상황 설정**

각 사용자 그룹의 구체적 특성과 사용 환경에 맞는 프로필을 작성합니다. 상황에 따라 문제가 발생하는 맥락을 반영한 사용 시나리오를 구성합니다.

㉔ 청소년이 운동 중 물병을 사용하며 겪는 불편함

**④ 문제점의 만화형식 시각화**

시나리오의 내용과 문제점을 만화 형식으로 시각화하여 직관적으로 표현합니다.

캐릭터와 상황을 통해 물병 사용의 불편함을 강조

**⑤ 문제점 해결 아이디어 발상**

시나리오에서 도출된 문제를 해결하기 위한 아이디어를 창출합니다.

예 노인을 위한 버튼식 뚜껑, 어린이를 위한 가벼운 소재

**⑥ 아이디어 스케치 진행**

발상한 아이디어를 다양한 방식으로 스케치하며 디자인 방향을 구체화합니다.

**⑦ 3D 렌더링(Rendering) 진행**

최종적으로 선택된 스케치를 3D 렌더링하여 디자인을 시각적으로 완성합니다.

➔ 디자인시나리오 기법을 활용한 아이데이션(Ideation)

<table>
<tr><td rowspan="4"></td><td>이름: 할머니</td></tr>
<tr><td>나이: 70세</td></tr>
<tr><td>특징: 물을 많이 마신다.</td></tr>
<tr><td>시나리오 장소: 길거리</td></tr>
<tr><td colspan="2">70세의 할머니가 길거리에서 물을 많이 마신다.<br><br></td></tr>
</table>

→ 70세의 할머니가 길거리에서 물을 마시는 콘셉트의 아이디어 스케치를 진행한다.

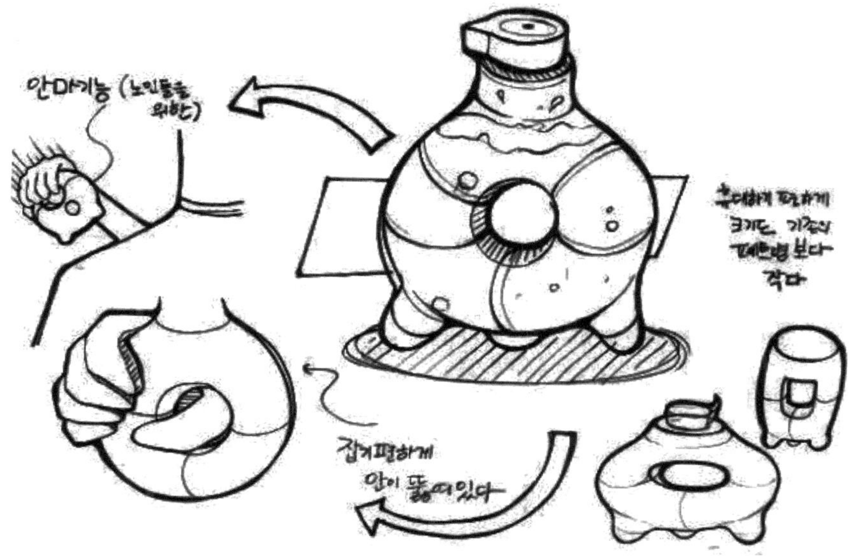


→ 전개된 아이디어 스케치 중에서 디자인 콘셉트나 방향에 맞는 안을 선정하여 렌더링 진행한다.

### ❸ 발상 사례 2

① **사전 조사**

**'화장품 냉장고'** 사용자들과 인터뷰를 진행하여 요구 사항과 문제점을 파악합니다.

② **문제점 정리**

사용자들이 겪는 보관 및 정리 문제와 청소의 불편함 등 주요 문제점을 정리합니다.

③ **사용자 프로필 및 시나리오 작성**

화장품 냉장고 사용자의 프로필과 사용 환경을 구상하며 관련 시나리오를 작성합니다.

④ **문제점 시각화**

한 여성이 화장품 냉장고를 구입하고 사용하면서 겪는 문제점을 만화 형식으로 시각화합니다.

⑤ **아이디어 발상**

시나리오에서 파악된 문제점을 해결할 수 있는 아이디어를 발상합니다.

⑥ **스케치 진행**

도출된 아이디어를 바탕으로 다양한 디자인 스케치를 진행합니다.

⑦ **3D 렌더링(Rendering) 진행**

최종적으로 선택된 아이디어 스케치를 기반으로 3D 렌더링을 수행하여 디자인을 구체적으로 시각화합니다.

→ 디자인시나리오 방법을 이용한 화장품 냉장고 아이데이션(Ideation)

<table>
<tr><td rowspan="5"></td><td>이름: 마지 심슨</td></tr>
<tr><td>나이: 35세</td></tr>
<tr><td>직업: 회사원</td></tr>
<tr><td>특징: 천연화장품 사용</td></tr>
<tr><td>시나리오 장소: 집 안</td></tr>
</table>

After returning from work, she bought some cosmetics.
퇴근 후 화장품을 샀다.

She found it hard to keep the sample cosmetics well organized.
샘플로 받아온 화장품을 어떻게 보관하지?

She was about to put on lotion after washing face but it is at the back of the refrigerator.
세안 후 화장을 하는데 스킨이 맨뒤에 있다.

She accidentally pushed down the cosmeti while trying to take out the skin lotion.
꺼내려다 화장품을 다 넘어뜨렸다.

Next morning, she gets up late.
늦게일어났다.. '출근 어떡해..'

She does quick make-up for work.
화장을 급하게 한다.

She rushes out leaving the refrigerator door open.
너무 급해서 문이 닫히지 않은지도 모르고 나갔다.

She finds the half-used natural skin care pack going bad in the open refrigerator.
어제 쓰다남은 천연 팩이 상했다.

She does cleaning up once in a while on a holiday.
'휴일인데 오랜만에 청소나 하자~'

The rubbur packing supposed to take long time to clean becabe dirty.
'으악..고무패킹이 더럽다. 청소도 힘든데..'

Its handle is sticky and dirty.
'끈적해..더러워..'

Many idle things and garbage are under the refrigerator.
'냉장고 밑에 뭐가 이렇게 많아?'

→ 도출된 최종 콘셉트에 따라 아이디어 스케치 진행한다.

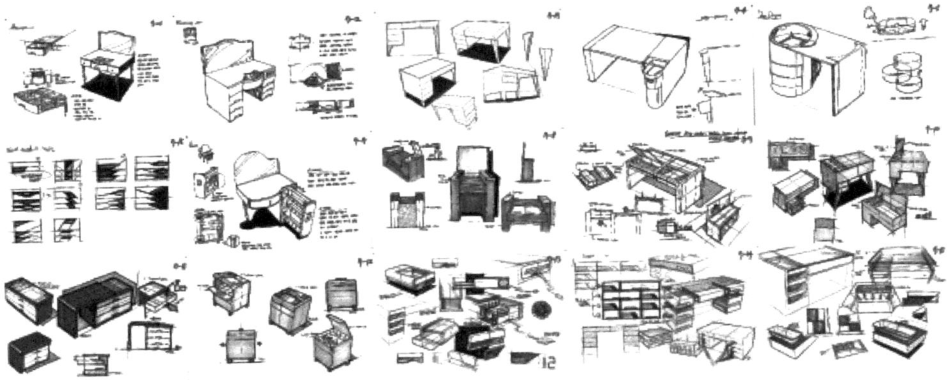

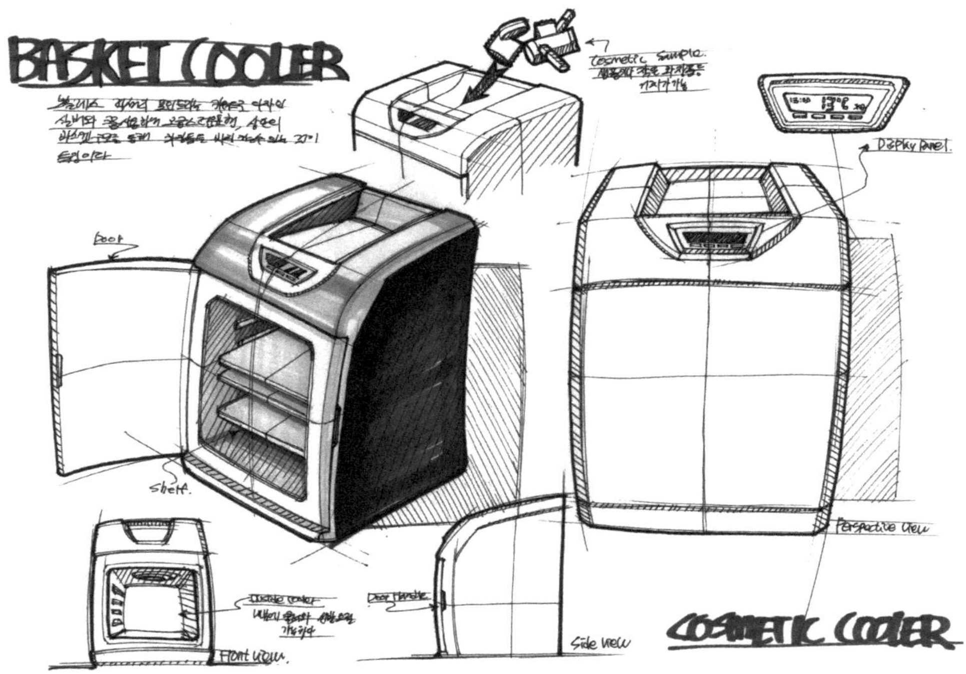

→ 전개된 아이디어 스케치 중에서 디자인 콘셉트나 방향에 맞는 안을 선정하여 렌더링 진행한다.

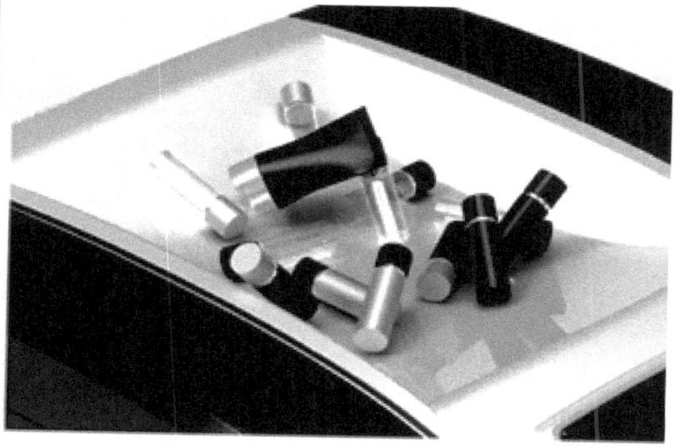

# 17. OPV
## (Other People's View)

디자인 사고가 필요한 많은 상황에서 타인을 고려해야 하는 경우가 많습니다. 다른 사람들이 어떻게 생각하는가는 사고의 요인, 결말, 혹은 목적일 수 있습니다. 이는 우리가 사고할 때 반드시 고려해야 할 중요한 요소 중 하나입니다. 타인들은 우리와 완전히 다른 견해(또는 관점)를 가질 수도 있습니다. 따라서 다른 사람들이 무엇을, 왜 그렇게 생각하는지를 이해하는 것은 사고의 핵심적인 과정입니다. 우리는 타인의 관점을, 그것이 우리의 관점과 같든 다르든, 볼 수 있어야 합니다. 이러한 사고방식은 아이디어나 제품을 타인의 관점에서 바라보는 방법을 생각하고 실현하는 데 도움이 됩니다.

### OPV(Other People's View)

**❶ 규칙**

- 사람마다 입장, 배경, 지식, 흥미, 가치관, 필요 사항 등이 다를 수 있음을 인지해야 합니다. 따라서 동일한 상황에서도 각자의 관점이 다를 수 있음을 유념합니다.
- 각 관점 간의 유사성과 차이점을 명확하게 정리하고 나열해야 합니다.

**❷ 방법**

① 디자인하려는 제품이나 서비스를 선정합니다.

② 제품 또는 서비스가 구상되어 실제 소비자가 사용하기까지의 과정을 토대로 인물을 설정합니다.

③ 설정된 인물을 나열하고, 각자의 입장이 되어 디자인 대상을 고려하여 키워드를 도출합니다.

④ 도출된 키워드 중 여러 관점에서 공통으로 고려하거나 구상할 수 있는 아이디어를 선정합니다.

⑤ 선정된 아이디어를 하나로 정리하고 나열하여 최종 콘셉트를 도출합니다.

### ❸ 발상 사례 1

① **대상물 선정**

**'휴대용 자가 발전기'**를 디자인 대상으로 선택합니다.

② **관점별 요구사항 분석**

사용자, 판매자, 디자이너의 관점에서 각각의 요구사항과 필요사항을 정리합니다.

③ **콘셉트 도출**

분석한 내용을 바탕으로 최종 콘셉트를 도출합니다.

④ **아이디어 스케치**

도출된 콘셉트를 기반으로 아이디어 스케치를 진행합니다.

⑤ **3D 렌더링(Rendering) 진행**

선택된 아이디어 스케치를 바탕으로 최종 3D 렌더링을 완성합니다.

➔ OPV를 이용한 휴대용 자가 발전기 아이데이션(Ideation)

| 어느 충전 용품 판매원이 우리에게 휴대용 자가 발전기를 판매하려 한다. | | |
|---|---|---|
| **디자이너의 관점** | · 잡기 편해야 한다.<br>· 간편한 사용이 가능해야 한다.<br>· 가벼워야 한다. | · 걸어서 사용하거나 고정할 수 있어야 한다.<br>· 휴대성이 높도록 작아야 한다. |
| **판매자의 관점** | · 가격이 저렴하고 물건이 좋다.<br>· 가볍다.<br>· 색감이 좋다. | · 휴대성이 있다.<br>· 디자인이 세련되어 있다. |
| **사용자의 관점** | · 방수되어야 한다.<br>· 환경 호르몬이 나오지 않아야 한다.<br>· 가벼워야 한다.<br>· 잃어버릴 확률이 낮아야 한다.<br>· 안전해야 한다. | · 잡기 편해야 한다.<br>· 휴대하기 간편해야 한다.<br>· 가벼워야 한다.<br>· 사용성이 좋아야 한다.<br>· 내구성이 좋아야 한다. |
| **콘셉트(Concept)**<br>잡기 편해야 한다.<br>가벼워야 한다.<br>간편하게 휴대할 수 있도록 한다.<br>걸거나 고정해 사용할 수 있게 한다.<br>튼튼해야 한다.<br>휴대성이 좋으나 잃어버리지 않게 한다. | | |

→ 도출된 최종 콘셉트에 따라 아이디어 스케치 진행한다.

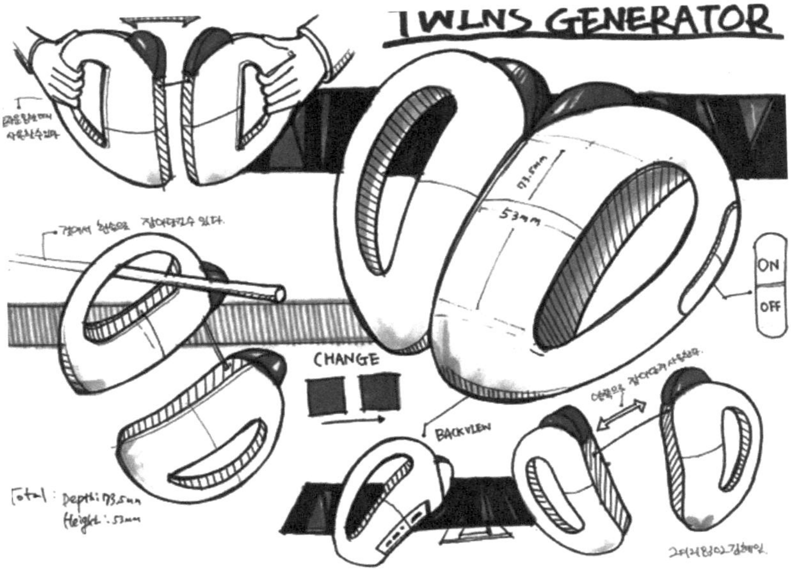


→ 전개된 아이디어 스케치 중에서 디자인 콘셉트나 방향에 맞는 안을 선정하여 렌더링 진행한다.

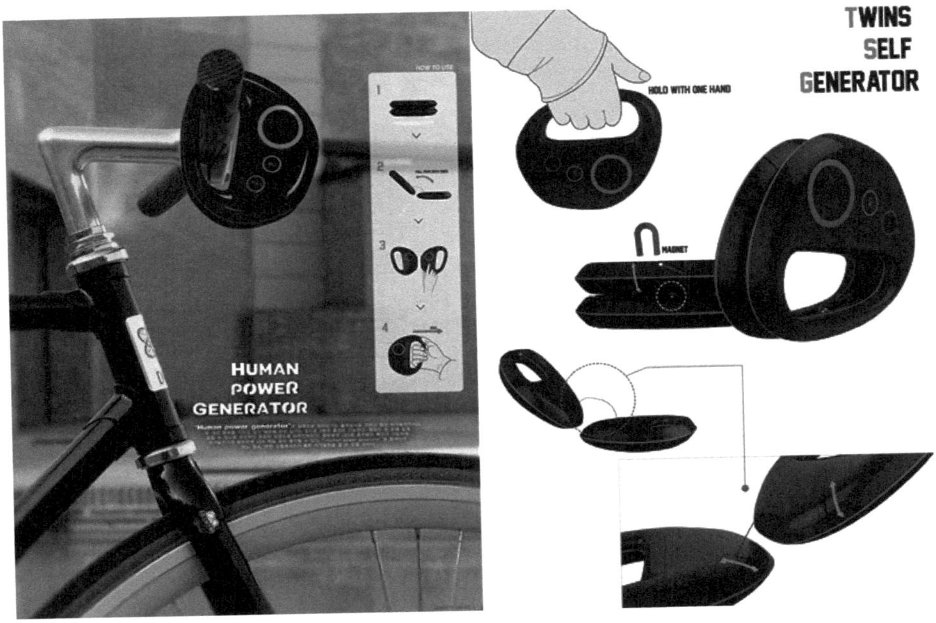

## ❹ 발상 사례 2

### ① 대상물 선정

간결한 크기와 다양한 기능을 가진 **'토스터기'**를 디자인 대상으로 선정합니다.

### ② 관점별 요구사항 분석

소비자, 판매자, 디자이너의 관점에서 요구사항과 필요 사항을 정리합니다.

### ③ 최종 콘셉트 도출

정리된 내용을 기반으로 최종 콘셉트를 도출합니다.

### ④ 아이디어 스케치

도출된 콘셉트를 바탕으로 아이디어 스케치를 진행합니다.

### ⑤ 3D 렌더링(Rendering) 진행

선택된 아이디어 스케치를 통해 최종 3D 렌더링을 완성합니다.

➜ OPV를 이용한 어린 아이를 위한 토스트기 아이데이션(Ideation)

| | 어린아이를 위한 토스트기 |
|---|---|
| **디자이너의 관점** | · 사용성이 편해야 한다.<br>· 다양한 공간에서 사용할 수 있어야 한다.<br>· 안전해야 한다. |
| **판매자의 관점** | · 가격이 저렴해야 한다.<br>· 성능이 좋아야 한다.<br>· 심미성이 높아야 한다. |
| **소비자의 관점** | · 아이가 쓰기에 위험하지 않아야 한다.<br>· 사용성이 복잡하지 않아야 한다.<br>· 화학 물질이 나오지 않아야 한다. |
| **사용자의 관점** | · 다양한 장소에서 사용할 수 있어야 한다.<br>· 안전하게 쓸 수 있어야 한다.<br>· 사용성이 편해야 한다. |

| **콘셉트(Concept)** |
|---|
| 사용성이 편하고 소비자인 부모의 취향에 맞게 주방에 어울려야 하며 다양한 장소에서 사용할 수 있어야 한다.<br>또한, 아이가 안전하게 쓸 수 있는 토스트기 디자인 |

➔ 도출된 최종 콘셉트에 따라 아이디어 스케치 진행한다.

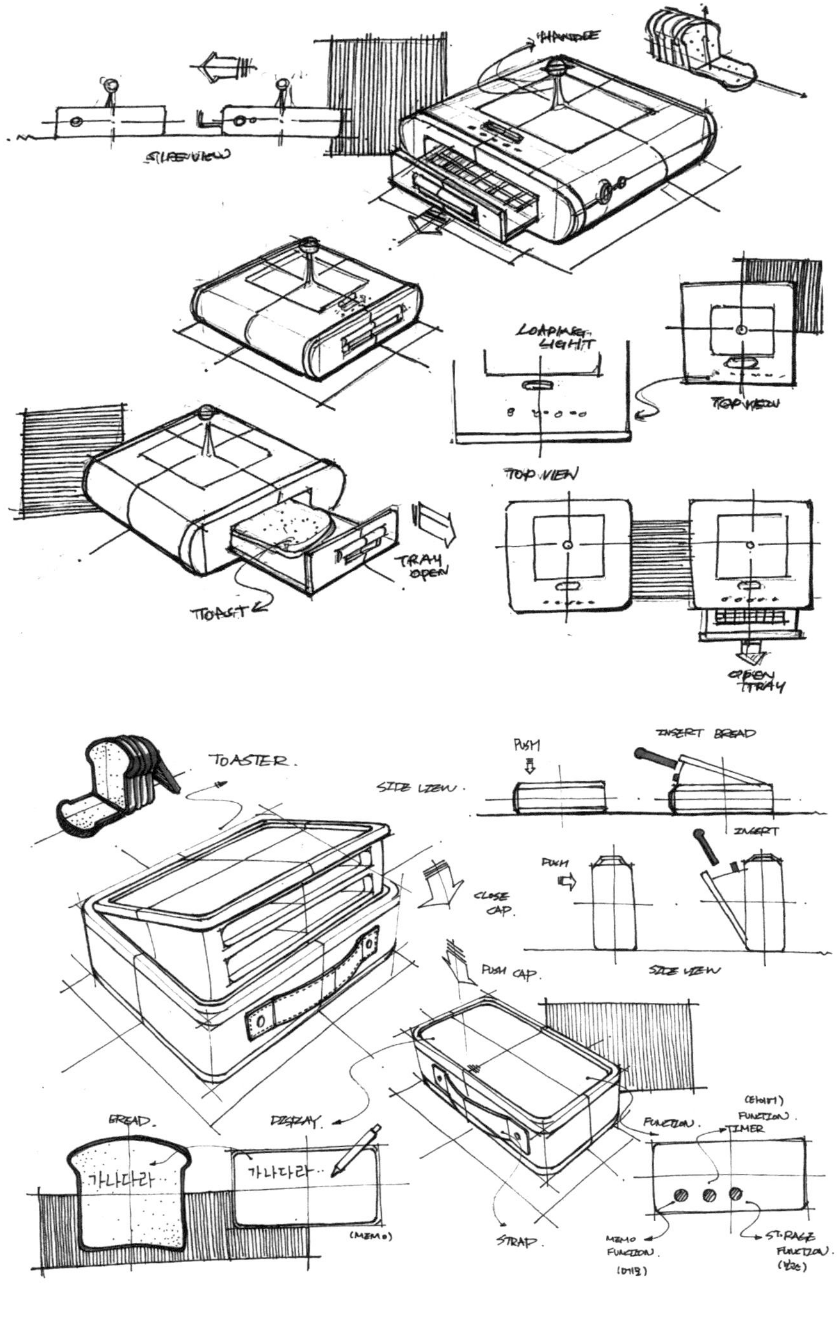

→ 전개된 아이디어 스케치 중에서 디자인 콘셉트나 방향에 맞는 안을 선정하여 렌더링 진행한다.

# 18. 5W1H

5W1H 법은 아이디어를 조직적으로 창출하는 방법으로, 준비된 문제에 대해 5W(Who, When, Where, What, Why)와 1H(How)에 관한 질문에 답변함으로써 아이디어를 도출합니다. 이 방법은 팀이 문제나 기회의 모든 측면을 고려하면서 각종 의문을 제기할 수 있게 하며, 문제의 다양한 관점을 통합적으로 고려하여 창의적인 해결 방법을 찾는 과정을 제공합니다.

## 5W1H

### ❶ 방법

**① 5W1H의 개요 설명 및 질문 설정**

5W1H(Who, When, Where, What, Why, How)에 대한 표를 설명한 후, 각 질문을 설정합니다.

**② 질문 개발 및 아이디어 도출**

각 5W와 1H에 관한 질문을 개발 팀원들의 다양한 아이디어를 통해 찾아내고, 문제와 관련된 모든 질문을 도출합니다.

**③ 답변 및 문제점 도출**

설정된 질문에 대해 답변을 작성하고, 그 과정에서 문제점을 찾아냅니다.

**④ 아이디어 평가 및 실천 방안 마련**

도출된 아이디어를 평가하고 선별하여 실행 가능한 실천 방안을 만듭니다.

## ❷ 규칙

• **브레인스토밍 활용**

질문을 설정할 때 브레인스토밍을 활용하면 효과적입니다.

• **질문을 통해 아이디어 도출**

"누가(Who)? 무엇을(What)? 언제(When)? 어디서(Where)? 왜(Why)? 어떻게(How)?"와 같은 질문에 답변함으로써 영감과 아이디어를 얻습니다.

• **Why 질문 주의**

"Why"라는 질문은 자주 사용되지만, 그만큼 쓸모가 없을 때도 많으니 신중하게 활용해야 합니다.

## ❸ 발상 사례 1

**① 육하원칙 기반 아이디어 도출**

**'맥주 축제'**를 핵심 주제로 설정하고, 육하원칙(무엇을, 누가, 어디서, 언제, 왜, 어떻게)에 따라 다양한 아이디어와 키워드를 발상합니다.

**② 아이디어 선택**

각 항목(무엇을, 누가, 어디서, 언제, 왜, 어떻게)에서 발상된 아이디어 중 매칭시킬 키워드를 각각 하나씩 선정합니다.

**③ 구체적인 아이디어 매칭**

선정된 각 항목의 키워드를 매칭하여 구체적인 아이디어를 구상합니다.

**④ 스케치 진행**

최종적으로 도출된 아이디어를 바탕으로 스케치를 진행합니다.

**⑤ 3D 렌더링(Rendering) 진행**

선택된 아이디어 스케치를 통해 최종 3D 렌더링을 완성합니다.

→ 5W1H를 이용한'맥주 축제 칵테일 캡(Cocktail cap)'아이데이션(Ideation)

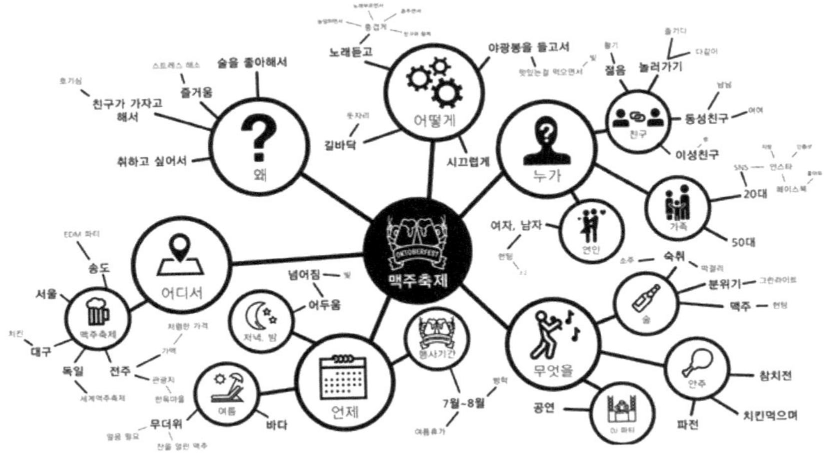


– 선택한 단어를 스케치에 접목할 수 있도록 분류

| 무엇을 | 누가 | 어디서 | 언제 | 왜 | 어떻게 |
|---|---|---|---|---|---|
| 술<br>안주<br>DJ 파티 | 친구<br>연인<br>가족 | 맥주축제<br>가맥축제 | 저녁, 밤<br>행사기간<br>여름 | 술을 좋아해서<br>친구 권유<br>취하고 싶어서<br>즐거움 | 노래 듣고<br>야광봉을 들고서<br>시끄럽게<br>길바닥 |

→ 도출된 최종 콘셉트에 따라 아이디어 스케치 진행한다.

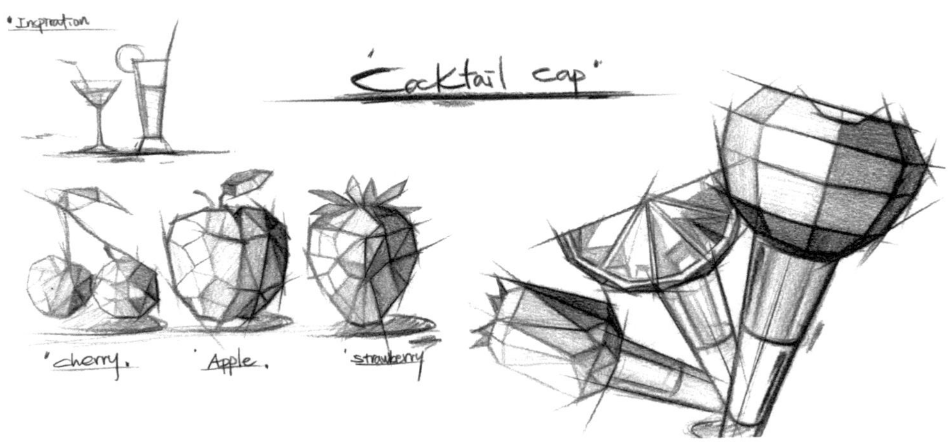

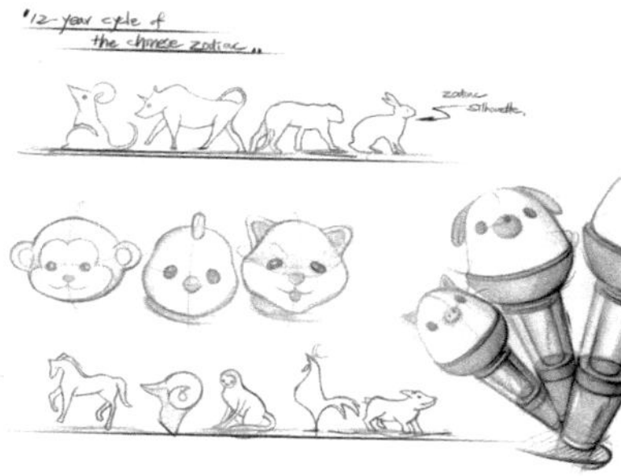

→ 전개된 아이디어 스케치 중에서 디자인 콘셉트나 방향에 맞는 안을 선정하여 렌더링 진행한다.

### ❸ 발상 사례 2

① **대상물 선정**

**'생리대 쓰레기통'**을 디자인 대상으로 선정합니다.

② **육하원칙 기반 질문 생성**

"누가(Who)? 무엇을(What)? 언제(When)? 어디서(Where)? 왜(Why)? 어떻게(How)?"에 맞추어 생리대 쓰레기통과 관련된 질문을 만듭니다.

③ **답변 및 문제점 도출**

생성된 질문에 답변하며, 문제점을 분석하고 도출합니다.

④ **스케치 진행**

도출된 문제와 아이디어를 바탕으로 디자인 스케치를 진행합니다.

⑤ **3D 렌더링(Rendering) 진행**

스케치 중 콘셉트와 방향성에 가장 적합한 안을 선정하고, 이를 통해 최종 3D 렌더링을 완성합니다.

| | |
|---|---|
| **Why** | 생리대를 버리는데 불편함 감소를 위해 |
| **What** | 생리대를 더욱더 위생적으로 처리하기 위해 |
| **Where** | 화장실, 방 |
| **When** | 생리기간때 |
| **Who** | 생리중인 여성 |
| **How** | 디자인적인 해결방법으로 |

| 문제점 | 해결방안 |
|---|---|
| 씻기 불편함<br>버리기 불편함<br>물이 들어감<br>크기가 작음<br>물이 땅에 있음<br>높은 가격<br>정형화된 디자인<br>입구가 더러움 | 버리기 편하게<br>입구가 가깝게<br>뚜껑이 고정돼있음<br>조정 가능한 사이즈<br>경제적인 가격<br>다양한 연령대에 맞는 디자인<br>꺼내기가 쉬운 디자인 |

| 5W1H를 이용한 '쓰레기통' 아이데이션(Ideation)

→ 도출된 최종 콘셉트에 따라 아이디어 스케치 진행한다.

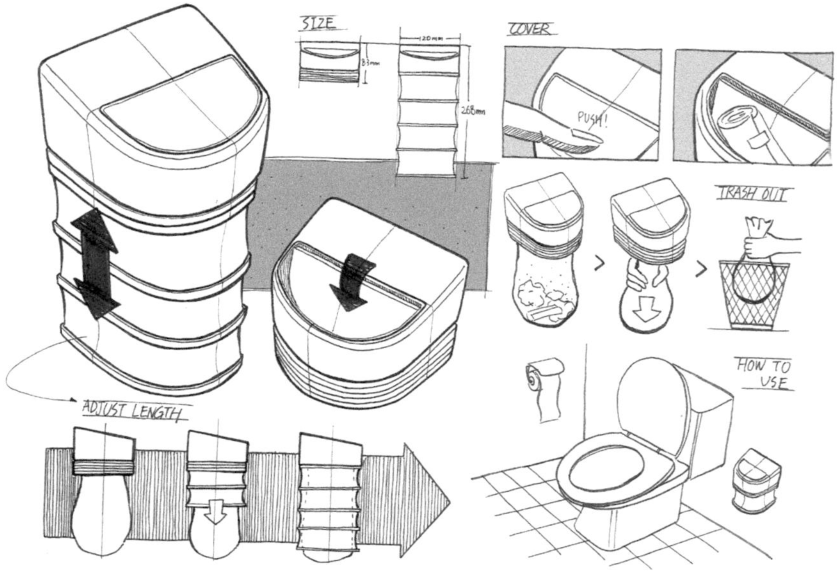


→ 전개된 아이디어 스케치 중에서 디자인 콘셉트나 방향에 맞는 안을 선정하여 렌더링 진행한다.

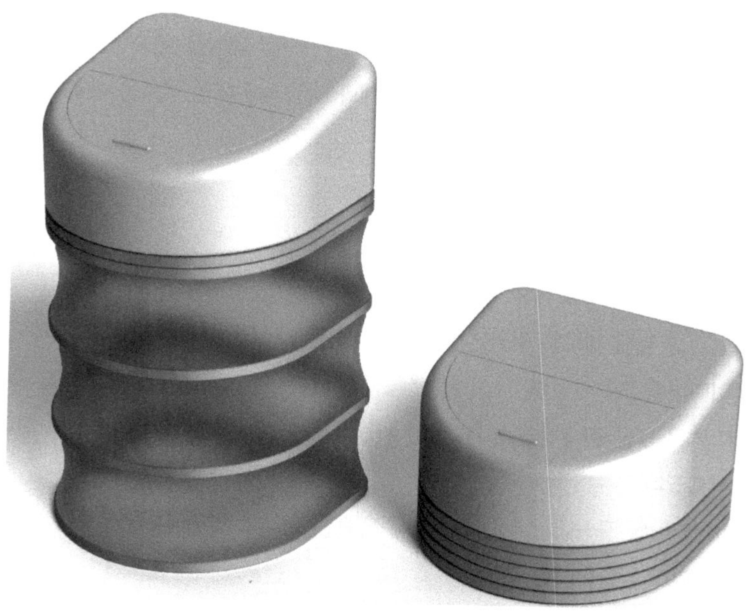

# 19. 시네스틱
## (Synectics=결부법)

시네틱스는 고든에 의해 창안된 발상법으로, 유추와 은유를 활용하여 문제 정의와 해결 과정에서 창조성을 자극하는 귀중한 도구로 여겨집니다. 아인슈타인도 이 방법을 활용해 문제를 시각화하고 해결한 것으로 알려져 있습니다.

**은유**

은유는 서로 무관해 보이는 단어나 어구를 연결하여 비전통적인 관계를 형성합니다. 이를 통해 새로운 관점에서 상황을 분석하며 신선한 시각을 제공합니다. 신선한 내용을 가장 잘 이해하는 방법은 종종 은유에서 시작됩니다.

**유추**

유추는 두 대상 간의 유사점을 발견하는 과정으로, 친숙한 대상을 낯설게, 또는 낯선 대상을 친숙하게 만듭니다. 유추는 개인이나 집단에게 문제와 해결책에 대한 새로운 통찰력과 접근법을 제시할 수 있습니다.

### 시네틱스(Synectics=결부법) 핵심

**시네틱스의 두 가지 핵심 방향**

① 친숙한 것을 통해 새로운 것을 창안: 이미 익숙한 대상을 새로운 방식으로 재구성하여 창의적인 아이디어를 도출합니다.

② 친숙지 않은 것을 친숙하게 변환: 낯선 사물을 친숙한 시각으로 바라보도록 하여 혁신적인 발상을 유도합니다.

새로운 아이디어를 끌어내기 위해서는 너무 익숙한 상태를 벗어나, 주변 사물에서 새로운 영감을 찾으려는 노력이 필요합니다.

### 시네틱스은 어떻게 사용하는가?

집단의 크기는 6~8명 정도가 적합하고 다른 멤버들과 해결에 도움을 주려는 태도를 보여야 하며 일반화할 줄 아는 능력이 있어야 합니다. 해당 문제의 전문가가 너무 많지 않은 것이 좋고 사회자는 구성원들이 말하는 모든 아이디어를 차드 용지에 기록하지 못할 때를 대비하여 각자 메모지에 자기의 아이디어를 간략하게 적어두도록 합니다.

## ❶ 방법

**① 문제(주제) 제시**

참가자들에게 해결해야 할 문제나 주제를 제시합니다.

**② 문제분석 및 해설**

전문가를 통해 문제를 분석하고 해설하게 합니다.

**③ 목표 설정**

문제해결의 구체적인 목표를 설정합니다.

**④ 유추 방식 검토 및 선택**

문제해결에 사용할 유추 방식(직접적인, 상징적, 환상적)을 검토하고 선택합니다.

**⑤ 아이디어 공유 및 해결책 수립**

구체적으로 사용할 수 있는 아이디어를 나누고, 이를 바탕으로 해결책을 수립합니다.

## ❷ 규칙

**아이디어 발상 과정에서 다음 규칙을 준수합니다.**

- 규칙적 실행: 구성원들이 정해진 규칙을 따르도록 합니다.
- 논의와 사색 격려: 더 많이 논의하고 깊이 생각할 수 있도록 독려합니다.
- 아이디어 기록: 모든 아이디어를 기록하여 놓치지 않도록 합니다.
- 진행 상황 점검: 사회자가 집단이 올바른 방향으로 나아가고 있는지를 지속적으로 확인합니다.
- 시간 관리: 과정이 효율적으로 진행되도록 시간을 관리합니다.
- 사회자의 역할: 사회자는 진행자이자 기록자로서 중립적인 역할을 유지하며, 적극적인 임무를 수행하지 않습니다.

## ❸ 종류

### (1) 직접적 유추

직접적 유추란 현재의 문제와 유사한 사실, 정보 또는 기술을 비교하여 해결책의 단서를 찾는 방법입니다. 이 방법은 경험과 지식을 탐색해, 문제와 '친근한 관계'가 있는 요소를 찾아내는 데 초점을 둡니다. 특히, 새로운 구조나 제품을 개발할 때 이전에 경험했던 형태나 기능에서 힌트를 얻어 아이디어를 발전시키는 데 유용합니다.

**활용 방법**

① 문제 또는 대상의 특징 나열: 제시된 주제(문제)나 대상의 특징을 정리합니다.

② 관련된 경험과 지식 취합: 자신이 가진 경험과 지식을 바탕으로 문제를 해결하거나 '친근한 관계'를 가진 요소들을 모읍니다.

③ 유사성 비교 및 힌트 도출: 주제와 수집된 내용 간의 유사성을 비교하여 해결에 대한 단서를 찾습니다.

④ 아이디어 발상 및 해결책 수립: 도출된 힌트를 바탕으로 아이디어를 발전시키고 문제를 해결할 방안을 수립합니다.

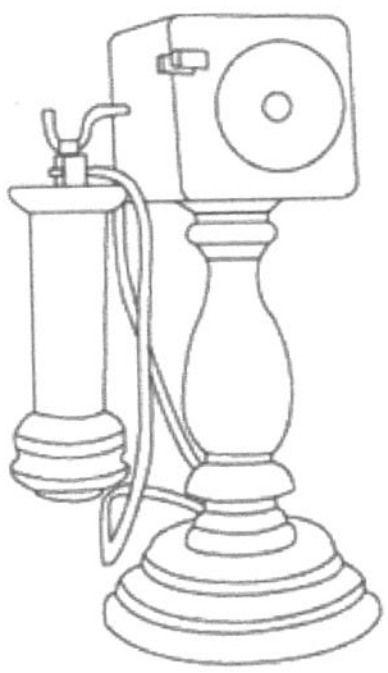

옛날 전화기는 송화기와 수화기가 분리되어 각각의 기능을 수행했으나, 오늘날의 전화기는 송수화기가 하나로 통합되어 편리성이 크게 향상되었습니다. 이러한 변화는 기존의 문제를 해결하기 위해 직접적 유추를 활용한 사례로 볼 수 있습니다.

직접적 유추는 우리 주위에 있는 사상과 사물을 과제와 연결하여 문제해결의 실마리를 찾는 방법입니다. 동물, 실물, 자연 현상 등은 과제 해결에 있어 훌륭한 힌트를 제공할 수 있습니다.

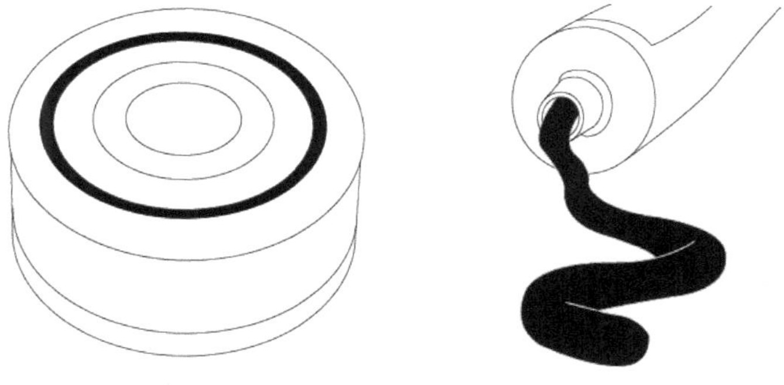

예를 들어, 과거 치약은 용기에 담겨 퍼서 사용하는 방식이었기에 매우 비위생적이었습니다. 그러나 워싱턴 쉐필드(Sheffield) 박사는 우연히 말 엉덩이 근육의 움직임에서 힌트를 얻어, 튜브형 치약을 발명하였습니다. 튜브를 누르면 치약이 쉽게 나오고, 손을 놓으면 치약이 묻지 않는 구조 덕분에 이 발명은 위생적일 뿐 아니라 사용 편의성에서도 획기적인 개선을 이루며 큰 성공을 거뒀습니다.

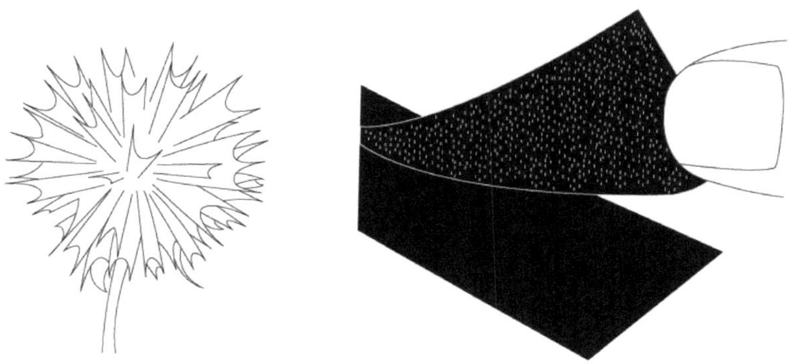

옷에 잘 달라붙는 엉겅퀴 씨앗의 갈고리 모양은 벨크로(Velcro)의 아이디어가 되는 영감을 제공했습니다. 이 갈고리 형태를 기술에 응용하여 벨크로는 일상생활에서 폭넓게 사용되는 혁신적인 발명품이 되었습니다.

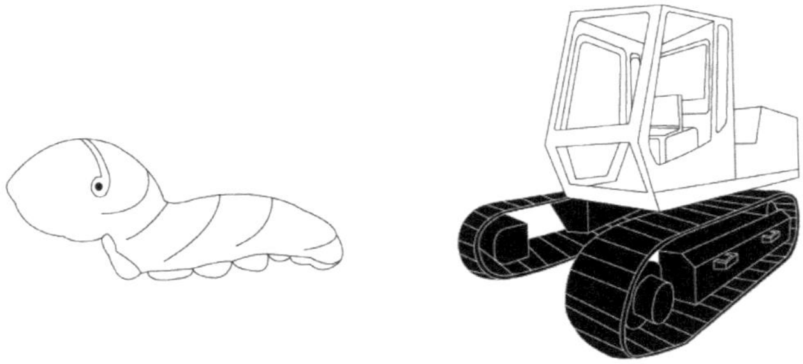

또한, 벌레 유충의 움직임과 형태에서 힌트를 얻어 캐터필러와 탱크가 탄생했습니다. 이 유추는 자연 속에서 발견한 특징을 기술로 연결해 새로운 발명품을 창출한 또 다른 놀라운 사례입니다.

### (2) 의인 유추

의인 유추란 자신을 문제의 대상이 되었다고 상상하는 방법입니다. 이 과정에서는 자신이 해당 대상이 되어 주어진 상황에서 어떤 느낌이 들지, 그리고 어떻게 행동할 것인지 상상해 봅니다. 이는 문제의 일부가 된다는 인식 아래 문제의 본질을 이해하고, 필요한 통찰을 얻는 데 도움을 줍니다. 참가자는 과제나 문제의 대상과 완전히 일치된 이미지 속에서 발상을 진행하게 됩니다. 의인 유추는 고든이 시네틱스를 통해 추구한 탈선적 발상의 한 예로, 기존의 틀을 벗어나 창의적 사고를 유도하는 데 중요한 역할을 합니다.

**활용 방법**

① 대상의 특징 나열 문제의 대상이 가진 기본적인 특징을 정리하고 기술합니다.

② 대상의 정서 상상 해당 대상이 주어진 상황에서 느낄 법한 정서를 상상하고 기술합니다.

③ 사용자의 감정 상상 사람들이 그 대상을 사용할 때 느낄 감정이나 반응을 상상하여 기술합니다.

④ 대상의 관점 상상 자신이 그 대상이 되었을 때 느낄 것 같은 감정이나 행동을 기술합니다.

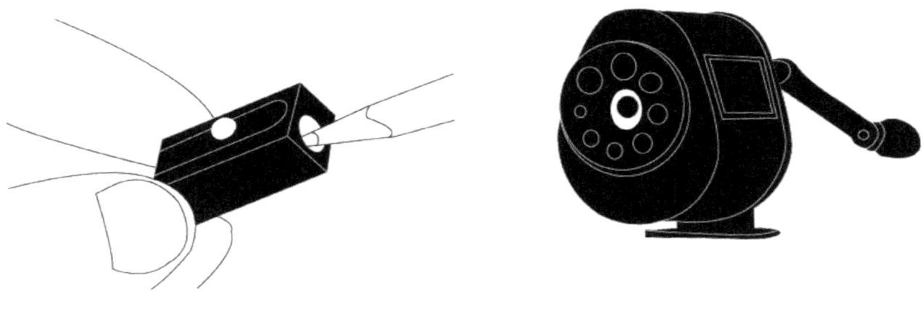

연필깎이 사례 어느 연필회사는 연필깎이를 개발하는 과정에서 자신을 완전히 연필로 상상하여 아이디어를 도출했습니다. "연필이 깎이는 처지에서 느낄 불편함은 무엇일까?"라는 상상을 통해 연필깎이의 기능적이고 혁신적인 개선점을 발견하며 성공을 거두었습니다.

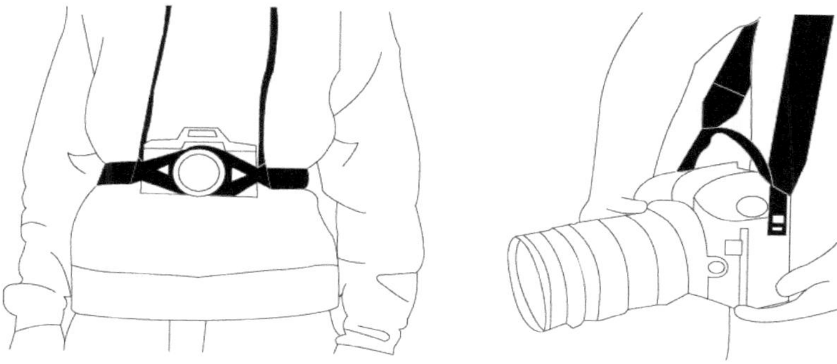

카메라 스트랩 개발 사례 카메라 개발 아이디어 회의 중 한 참가자는 자신을 카메라로 상상하며 문제를 분석했습니다. "그렇게 휘두르지 마, 여기저기 부딪쳐서 아파."라는 감정을 바탕으로, 카메라를 휴대할 때 부딪힘을 방지하는 카메라 스트랩이 개발되었습니다. 이 발명은 카메라 사용의 편의성과 안전성을 크게 향상시켰습니다.

### (3) 상징적 유추

상징적 유추란 이야기, 상징적 인물(사물), 또는 사건에서 힌트를 얻어 두 대상물 간의 관계를 기술하는 과정에서 상징을 활용하는 유추 방법입니다. 이 접근법은 언어나 사인 속에 숨겨진 의미를 중시하며, 토론 중 참가자들의 발언에서 예기치 못한 아이디어의 단서를 발견할 수 있습니다.

**활용 방법**

① 주제 또는 대상의 특징 정리 주어진 주제나 대상이 가진 또는 추구하려는 특징을 기술합니다

② 유사한 상징과의 연결 동화나 이야기 속의 상징적 인물, 사물 또는 사건과 연결하여 토론을 진행합니다.

③ 상징적 키워드 도출 토론 중 얻어진 상징적 키워드들을 정리하고 기록합니다.

④ 아이디어 발상 도출된 키워드를 기반으로 아이디어를 발전시키고 문제해결의 실마리를 찾습니다.

**실제 사례: 스타벅스 로고**

그리스 신화에 나오는 세이렌(Siren), 즉 바다의 인어는 아름답고 달콤한 노랫소리로 배의 선원들을 유혹하여 파멸로 이끈 것으로 알려져 있습니다. 스타벅스는 이 신화를 바탕으로 세이렌을 로고의 모티브로 삼았습니다. 이는 스타벅스가 고객들을 유혹하여 자주 방문하게 만드는 매력을 상징적으로 표현한 예로 볼 수 있습니다.

### (4) 환상적 유추

환상적 유추란 엉뚱하고 비현실적인 상상 속에서 아이디어를 발상하는 방법으로, 창의적 사고를 촉진하는 데 효과적입니다. 프로이드(Freud)의 이론에 따르면, 창의적 사고와 소원 성취는 밀접하게 관련되어 있으며, 예술가의 창의적 욕구도 만족을 얻기 위한 소망에서 비롯된다고 설명됩니다. 따라서 성취하고자 하는 욕구를 상상하는 것만으로도 창의적 사고가 자극될 수 있습니다.

**활용 방법**

① 대상의 돋보이는 요소 기술 대상이 환상적으로 돋보일 수 있는 요소들을 정리합니다.

② 요소 극대화 아이디어 토론 각 요소를 극대화하기 위한 다양한 아이디어를 토론합니다.

③ 아이디어 정리 및 적용 토론에서 도출된 아이디어를 정리하여 대상에 적용하고 표현합니다.

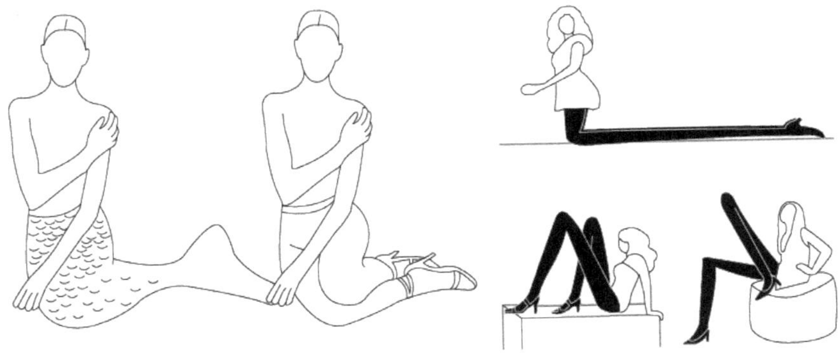

| 환상적 유추를 이용한 스타킹 광고

## ❹ 발상 사례 1

① **농부의 관점에서 상상**

자신을 과일에 과수 봉지를 씌우는 농부라고 상상합니다. 농부의 관점에서 느끼는 상황과 감정을 바탕으로 문제를 분석합니다.

② **문제점 발견 및 토론**

농부가 작업 중 느끼는 불편함이나 해당 상황의 문제점을 조원들과 함께 토론하고 이를 체계적으로 정리합니다.

③ **의인 유추를 활용한 아이디어 토론**

의인 유추를 통해 **'과수 봉지 디자인'**을 개선하거나 돋보이게 만들기 위한 아이디어를 논의합니다.

④ **스케치 진행**

토론에서 도출된 아이디어를 기반으로 스케치를 진행하며 구체적인 디자인을 구상합니다.

⑤ **3D 렌더링(Rendering) 진행**

최종적으로 선택된 아이디어 스케치를 바탕으로 3D 렌더링을 완성합니다.

→ 의인 유추를 이용한 과수 봉지 포장 제품(Friendly Pen) 아이데이션(Ideation)

| 문제점 | 아이디어 |
|---|---|
| 팔이 아프다.<br>손이 닿지 않는다.<br>높은 곳은 사다리가 필요하다.<br>시간이 오래 걸린다.<br>봉지를 계속 가지고 다녀야 한다.<br>위를 볼 때 눈이 부시다.<br>위를 볼 때 목이 아프다.<br>양손을 써야 한다.<br>하나하나 봉지를 씌워야 한다. | 길이 조절이 쉽게 되는 제품<br>한 손으로 사용 가능한 제품<br>봉지 잔여 여부 알려주는 제품<br>봉지를 쉽게 싸주는 제품<br>봉투가 리필되는 제품<br>원터치로 간편한 제품 |

→ 도출된 최종 콘셉트에 따라 아이디어 스케치 진행한다.

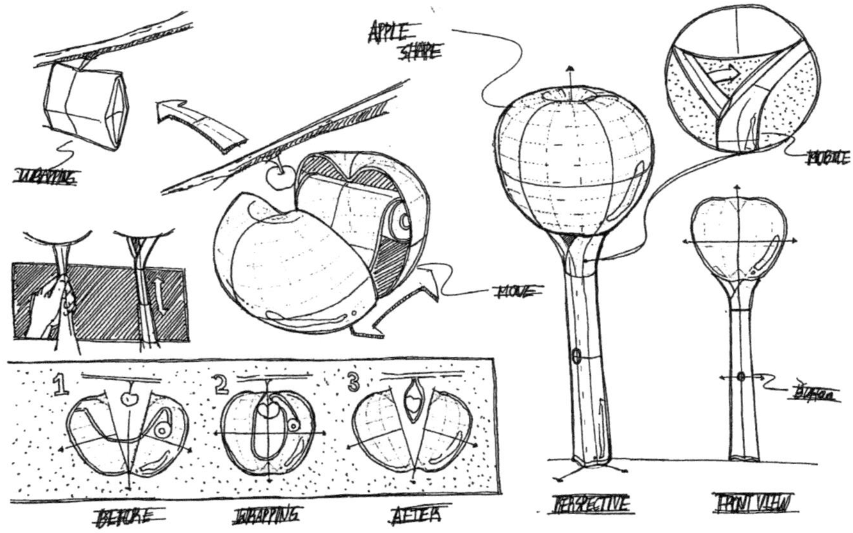


→ 전개된 아이디어 스케치 중에서 디자인 콘셉트나 방향에 맞는 안을 선정하여 렌더링 진행한다.

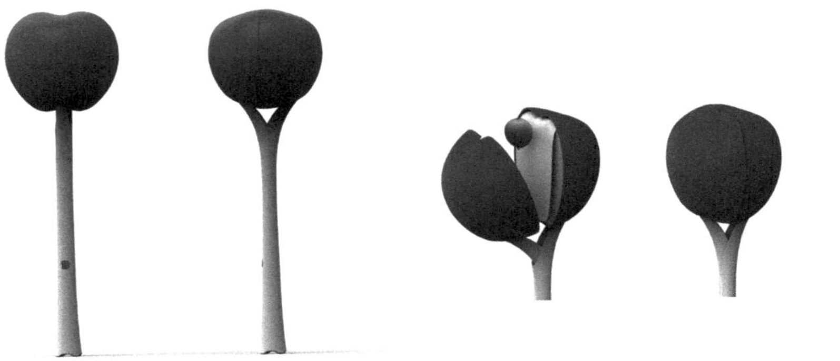

## ❹ 발상 사례 2

### ① 대상물 선정

**'트랙터'**를 디자인 대상으로 선택합니다.

### ② 기존 이미지 분석

기존 트랙터가 가진 기계적이고 딱딱한 이미지를 변화시키기 위한 요소와 특징을 정리합니다.

③ **상징적 유추 활용**

친근하면서도 역동적인 이미지를 가진 '돌고래'의 상징성을 트랙터 디자인에 연결합니다.

④ **스케치 진행**

돌고래의 유기적인 형상과 곡선 라인을 참고하여 디자인 스케치를 진행합니다.

⑤ **3D 렌더링(Rendering) 진행**

최종적으로 선택된 아이디어 스케치를 바탕으로 3D 렌더링을 완성합니다.

→ 환상적 유추를 이용한 트랙터 아이데이션(Ideation)

→ 도출된 최종 콘셉트에 따라 아이디어 스케치 진행한다.

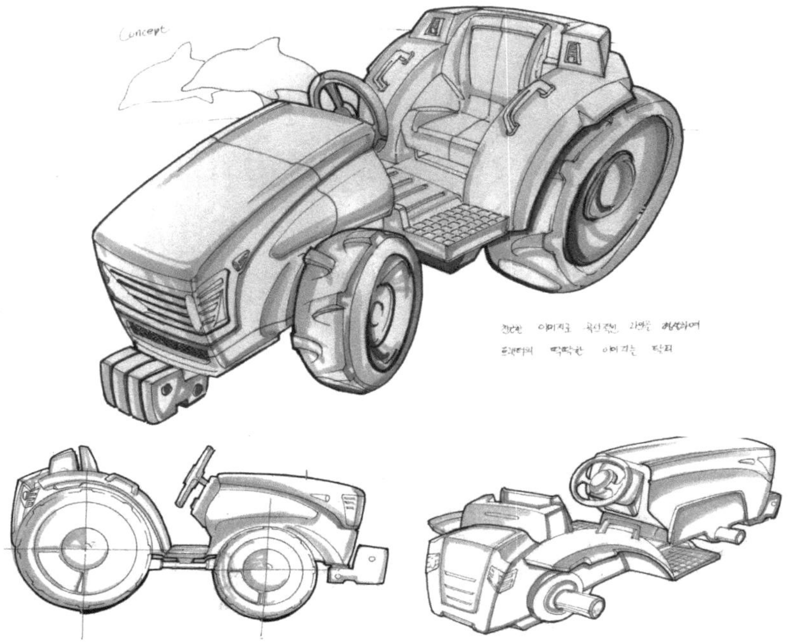

→ 전개된 아이디어 스케치 중에서 디자인 콘셉트나 방향에 맞는 안을 선정하여 렌더링 진행한다.

# 20. 강제 결합

## (Forced Relationships)

강제 결합법(Forced Relationship)은 겉으로는 전혀 관계가 없어 보이는 두 가지 이상의 아이디어나 사물을 강제로 결합하여 새로운 발상을 도출하는 연합사고 기법입니다. 이는 기존 사고의 틀을 깨고 창의적 사고를 촉진하는 데 유용한 방법으로, 아이디어 개발이나 문제 해결 과정에서 자주 활용됩니다. (출처: http://creapedia.com/wiki/Forced_Relationship)

**활용 사례**

- 고무 달린 연필: 연필과 고무를 결합하여 지우개가 부착된 연필이 만들어졌습니다. 이는 두 사물의 기능을 융합하여 실용성을 극대화한 사례입니다.
- 김치버거(Kimchi-Burger): 서양의 햄버거와 한국의 김치를 결합하여 퓨전 음식인 김치버거가 탄생하였습니다. 두 문화의 음식이 결합하여 새로운 미식을 선보인 사례입니다.

### 강제 결합법의 사용법

강제 결합법은 문제를 창의적으로 해결하기 위해 전혀 관계가 없어 보이는 아이디어나 물건을 강제로 연결함으로써 새로운 관계를 발견하는 훈련 방법입니다. 다음과 같은 단계를 따를 수 있습니다.

- 전혀 다른 두 가지 이상의 아이디어나 사물을 선정합니다.
- 이들을 결합해볼 방식을 탐구하고, 예상되는 결과를 상상합니다.
- 결합 과정에서 도출된 새로운 관계를 바탕으로 창의적인 아이디어를 발전시킵니다.

## 강제 결합법: 창의적 사고 촉진 방법

### ❶ 방법

**① 간편하고 유용한 방법**

강제 결합법(Forced Relationships)은 유아부터 성인에 이르기까지 폭넓게 활용할 수 있는 간편하면서도 유용한 창의적 사고 기법입니다. 기본적인 접근 방법과 절차를 익히면 누구나 쉽게 적용할 수 있어 창의성 개발에 효과적입니다.

**② 연합사고 활동**

강제 결합법은 기존의 방식에서 벗어나 새로운 방식으로 사물이나 아이디어를 생각해 보는 연합사고 활동입니다. 문제를 창의적으로 해결하기 위해 서로 관계가 없는 것처럼 보이는 아이디어나 물건을 강제로 연결하는 훈련 방법입니다.

**③ 억지 관계 맺기**

겉으로 보기엔 전혀 관련 없어 보이는 두 가지 아이디어나 사물을 억지로 결합하여 창의적인 사고력을 향상하게 시키는 활동입니다. 이를 통해 고정관념에서 벗어나 색다른 아이디어를 도출할 수 있습니다.

**④ 발표력 함양**

결합한 내용을 발표하도록 함으로써 발표력과 지도력을 함양할 수 있는 이중적인 효과를 제공합니다. 발표자는 그룹의 지도자가 되어 창의적 리더십을 발휘할 기회도 얻을 수 있습니다.

**⑤ 다양한 적용 장면**

강제 결합법은 교실뿐만 아니라 현장 학습이나 견학 같은 교실 외 활동에서도 활용 가능한 방법입니다. 별도의 특수한 교재나 교구 없이 어디서든 적용할 수 있으며, 창의 학습의 초보 단계에서도 매우 효과적입니다.

**⑥ 발명 및 특허 활용**

강제 결합법은 창의력을 함양하는 데 효과적인 방법으로, 발명이나 특허에 관심이 있는 사람들에게 필수적인 사고법으로 여겨집니다.

**❷ 규칙(강제 결합법의 실행 방법)**

- 목록 작성하기: 참가자에게 사물이나 아이디어를 나열한 목록을 준비합니다. 이 목록은 진행자가 미리 준비하거나 참가자와 함께 만들 수 있습니다.
- 목록의 사물 특성 작성하기: 목록에 있는 각 사물의 특징을 적어봅니다. 구체적으로 작성할수록 강제 결합을 통해 얻을 아이디어의 수가 많아질 것입니다.
- 서로 다른 특성을 결합해 아이디어 내기: 서로 다른 사물의 특성을 결합하여 새로운 아0 디어를 구상합니다.

㉮ '운동화'의 "달린다, 편하다"와 '타이어'의 "구른다, 빠르게 움직인다"를 결합하여 롤러블레이드(Roller①blade)나 힐리스(Heelys)를 발상할 수 있습니다.

①

운동화(달린다) + 바퀴(구른다) → 롤러브레이드

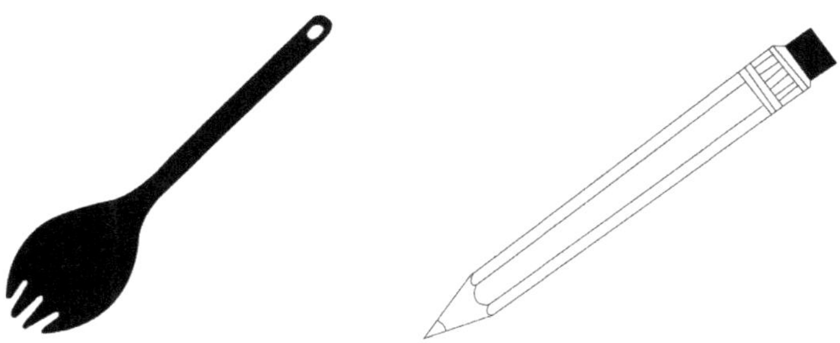

포크+숟가락, 연필 + 지우개

## ❸ 발상 사례 1

### ① 친근함(Friendliness)에 대한 정의 논의 및 목록 작성

**'친근한 컵'**이라는 주제를 바탕으로, 친근함의 정의를 논의한 후 컵에 대한 배경지식을 토대로 컵과 결합할 수 있는 사물들의 목록을 작성합니다.

### ② 목록의 특성 나열

작성된 목록에 포함된 각 사물의 특성을 구체적으로 나열합니다.

### ③ 특성 결합 및 아이디어 구상

서로 다른 사물들의 특성을 조합하며, 새로운 아이디어를 구상합니다.

### ④ 아이디어 스케치 진행

구상된 아이디어를 바탕으로 스케치를 진행하며 구체적인 디자인을 구상합니다.

### ⑤ 3D 렌더링(Rendering) 진행

최종적으로 선택된 아이디어 스케치를 기반으로 3D 렌더링을 완성합니다.

➜ 강제 결합법을 이용한 컵 아이데이션(Ideation)

| **물잔** | 칫솔 | **찻잔** | 축구공 |
|---|---|---|---|
| **항아리** | 인형 | **시험관** | 원숭이 |
| **변기** | 지하철 손잡이 | **바가지** | 동물 |
| **소주잔** | 큐브 | **머그컵** | 화이트 보드 |
| **텀블러** | 빨대 | **텀블러** | 포스트잇 |

친근함(Friendly)의 정의

친근함은 화목함, 주변에서 쉽게 볼 수 있는 친근함, 자연에 대한 친근함(Eco), 다정함, 재미있음, 편리함, 그리고 유용함의 요소를 포함합니다.

| **항아리** | **러시아 인형** |
|---|---|
| 둥글게 생겼다<br>친근감이 있다<br>한국적 정서가 느껴진다<br>보이는 것보다 많이 담을 수 있다 | 여러 개가 들어있다<br>휴대하기 좋다<br>재미있다<br>예쁘다 |

**결합 아이디어**

큐브(Cube)형 컵 항아리의 "친근감이 있다"와 러시아 인형의 "여러 개가 들어있다"를 결합하여 다층 구조를 가진 큐브형 컵을 디자인합니다.

러시아 인형 컵 항아리의 "보이는 것보다 많이 담을 수 있다"와 러시아 인형의 "휴대하기 좋다"를 결합하여 내부에 여러 크기의 컵을 넣어 휴대성과 기능을 강화한 러시아 인형 컵을 개발합니다.

➜ 도출된 최종 콘셉트에 따라 아이디어 스케치를 진행한다.

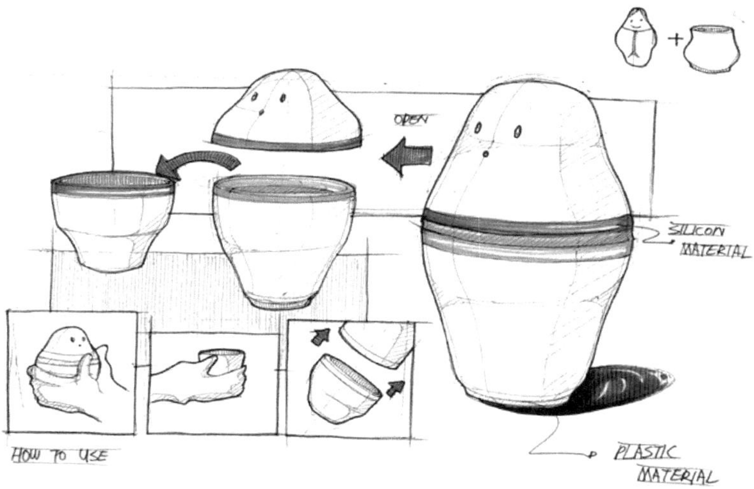


➜ 전개된 아이디어 스케치 중에서 디자인 콘셉트나 방향에 맞는 안을 선정하여 렌더링 진행한다.

## ❹ 발상사례 2

① **판매대 배경지식 바탕으로 목록 작성**

**'판매대'**에 대한 배경지식을 활용하여 연관된 아이디어나 사물의 목록을 작성합니다.

② **목록의 사물 특성 나열**

작성된 목록에 포함된 각 사물의 특성을 구체적으로 정리하고 나열합니다.

③ **특성 결합 및 아이디어 구상**

나열된 특성들을 결합하며 새로운 아이디어를 구상합니다. 이 단계에서는 창의성과 실용성을 함께 고려합니다.

④ **아이디어 스케치 진행**

구상된 아이디어를 바탕으로 구체적인 디자인 스케치를 진행합니다.

⑤ **3D 렌더링(Rendering) 진행**

최종적으로 선택된 아이디어 스케치를 기반으로 3D 렌더링을 완성하여 구현합니다.

| 강제결합을 이용한 판매대 아이데이션(Ideation)

| | |
|---|---|
| **트럭** | 판매장소가 고정되지 않고 이동을 하며 판매할 수 있다. |
| **확성기** | 소리를 크게 하여 먼 거리의 사람들에게까지 알리기 용이하다. |
| **자판기** | 무인으로 사용할 수 있어 판매자에게 편리함을 줄 수 있다. |
| **쇼케이스** | 판매 물품을 직접 보여줄 수 있어 소비자가 쉽게 인식할 수 있다. |
| **스쿠터** | 차량보다 이동에 제약이 적고 편하게 타고 내릴 수 있다. |
| **디스플레이** | 현수막보다 깔끔하고 이미지를 보여주기 효과적이다. |

판매대의 목록표를 작성하고 특성을 나열한 후 결합할 아이디어를 선택합니다.

→ 도출된 최종 콘셉트에 따라 아이디어 스케치 진행한다.

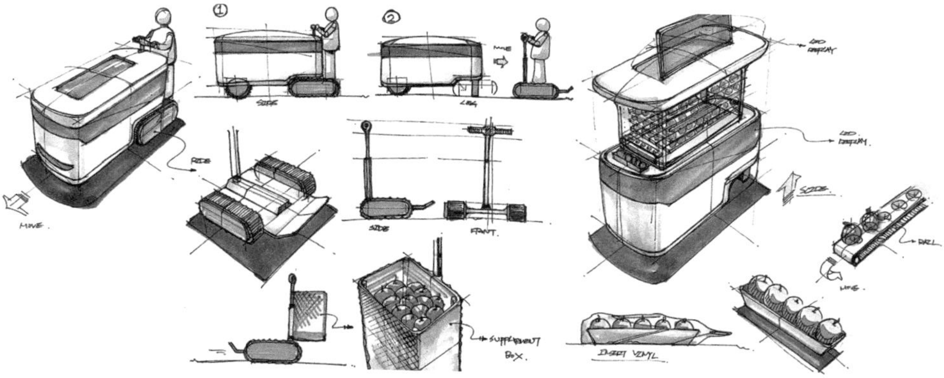

→ 전개된 아이디어 스케치 중에서 디자인 콘셉트나 방향에 맞는 안을 선정하여 렌더링 진행한다.

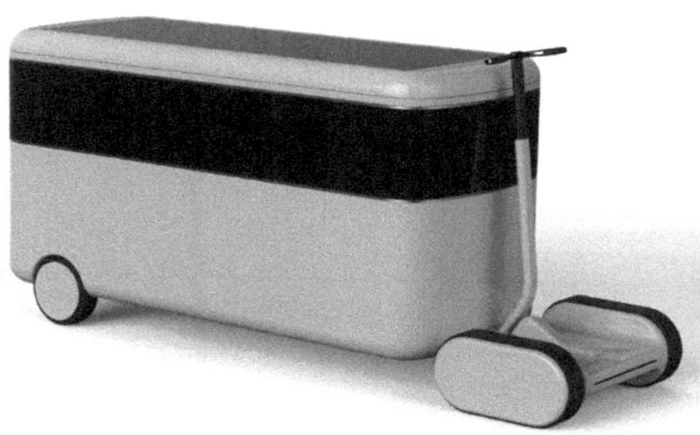

판매대 사용하지 않을 때

판매대 사용할 때

# 21. NM법

## (NM Method)

NM법은 나카야마 마사카즈(Nakayama, M.)가 창조 공학 연구소에서 고안한 발상 구조로, 고든의 시네틱스를 더욱 발전시킨 창의적 사고 방법입니다. 아날로지(유비, 유추)를 활용한다는 점에서 시네틱스와 유사하지만, 아이디어 발상의 순서가 명확하고 실용적이라는 특징이 있습니다. 처음에는 제조업체의 제품 개발에 주로 사용되었지만, 최근에는 업무 개선 및 새로운 서비스 개발 등 소프트웨어적인 분야에서도 널리 활용되고 있습니다. 특히 일본에서는 많이 사용되는 발상 구조 중 하나입니다.

### NM법(NM Method)

#### ❶ 규칙

NM법에서는 문제 제기, 주제 설정, 테마 파악을 거친 후, 다음 여섯 가지 단계에 따라 아이디어를 발굴합니다.

– 각 단계의 구체적인 내용은 창의적 사고를 조직적으로 전개하는 데 초점을 두며, 유추를 통한 다양한 접근법을 포함합니다.

| **문제 제기** | 멤버 각자가 현재 디자인하고자 하는 것에 대하여 문제로 느끼는 것을 내어본다. |
|---|---|
| **주제설정** | 해결해야 할 문제를 한 개로 압축한다. |
| **주제 파악** | 그룹구성원의 공통인식을 얻기 위하여 주제에 따른 정보를 서로 교환한다. |

| STEP 1 | 대상이 되는 과제를 설정한다. |
|---|---|
| STEP 2 | 단계 1에서 과제를 표현하는 키워드(연상하기 쉬운 것)를 결정한다. |
| STEP 3 | 단계 2에서 아날로지(유추:類推,類比)를 발상한다. |

| | |
|---|---|
| STEP 4 | 단계 3의 배경이 되는 요소나 구조, 작용 등을 찾는다. |
| STEP 5 | 단계 4와 대상 과제를 연결해 아이디어를 발상한다. |
| STEP 6 | 만들어진 아이디어를 추려내거나 연결해 하나의 해결책으로 만든다. |

## ❷ 방법 및 순서

예를 들어 '청소기가 사용하기 불편하고 청소가 잘 안된다'라는 문제를 해결하기 위한 아이디어를 NM법으로 발상해 봅니다.

| | |
|---|---|
| STEP 1 | 주제를 '새로운 청소기 디자인'으로 설정한다. |
| STEP 2 | '청소가 잘된다, '사용이 쉽다'를 키워드로 결정한다. |
| STEP 3 | '흡입력이 강한' → 강력한 모터<br>'자유로운 이동' → 청소기 선, 바퀴, 가볍다. |
| STEP 4 | 모터, 선, 바퀴 → 흡입력이 강하다, 선이 감기지 않는다, 바퀴가 360도 회전이 된다. |
| STEP 5 | 단계 4의 요소와 단계 1의 주제에서 아이디어를 발상한다.<br>'강력한 모터' → 흡입력이 강한 청소기<br>'청소기 선' → 엉키지 않고 길이를 마음대로 조정할 수 있는 구조<br>'바퀴' → 360도 회전이 가능한 청소기<br>'형태 → 모서리에 부딪혀도 문제가 없는 부드럽고 재미있는 형태 |
| STEP 6 | 이렇게 해서 탄생한 아이디어는 그 상태로는 산만하므로 추려 내거나 복수의 아이디어를 연결해 하나의 스토리를 만든다. |

NM법은 단계가 확실히 정해져 있어서 어느 정도 강제적으로 발상해 나갈 수 있는 점이 좋습니다. 또 발상의 바탕(힌트)을 얻는 방법도 정리되어 있어 매우 사용하기 편할 것입니다. 아날로지의 실마리가 되는 것으로는 자연 현상, 생물이나 기계의 시스템, 사회 활동이나 사회현상, 일상적인 현상 등이 있습니다.

### NM법의 특징과 강점

**① 단계적 발상 구조**

NM법은 명확한 단계별 진행을 통해 강제적으로 발상을 유도할 수 있는 체계적인 방법입니다. 단계가 정해져 있어 창의적 발상을 점진적으로 전개하는 데 용이합니다.

**② 발상의 바탕(힌트) 제공**

NM법은 아이디어를 발굴하기 위해 힌트(발상의 기반)를 명확히 정리하여 제공합니다. 이에 따라 사용자가 더 창의적이고 구체적인 발상을 진행할 수 있습니다.

③ **아날로지 활용**

아날로지를 발상의 실마리로 활용하며, 다음과 같은 다양한 주제를 참조합니다.

– 자연 현상, 생물이나 기계의 시스템, 사회 활동 및 사회현상, 일상적인 현상

## ❸ 발상 사례 1

① **대상물 선정**

**'립스틱을 잃어버리지 않으려면?'** 이라는 주제로 '분실 방지 립스틱'을 선정합니다.

② **연관 키워드 결정 및 아날로지를 활용한 탐색**

여섯 단계별로 연상하기 쉬운 키워드를 설정하고, 아날로지(유추)를 활용하여 디자인 요소, 구조, 작용 등을 탐구합니다.

③ **문제 해결 아이디어 발상**

찾아낸 요소 중에서 중요한 문제를 해결할 수 있는 아이디어를 도출합니다.

④ **아이디어 스케치 진행**

도출한 아이디어를 바탕으로 구체적인 디자인 스케치를 진행합니다.

⑤ **최종 아이디어 구현**

선택된 아이디어 스케치를 기반으로 3D 렌더링(Rendering)을 진행하여 최종 디자인을 완성합니다.

➔ NM법을 이용한 립스틱 아이데이션(Ideation)

| | |
|---|---|
| STEP 1 | 주제를 '립스틱을 잃어버리지 않으려면?'으로 설정한다. |
| STEP 2 | '연결한다', '알린다'를 키워드로 결정한다. |
| STEP 3 | '연결한다' – 핸드폰, 가방, 옷, 자석<br>'알린다' – 소리, 빛 진동, 냄새 |
| STEP 4 | 핸드폰, 가방, 옷, 자석 – 케이스, 통신사, 가방걸이, 메이커, 지퍼, 벨크로, 브랜드, 냉장고, 고무자석<br>소리, 빛, 진동, 냄새 – 알람, 종, 울림, 플래쉬, LED, 햇빛, 반사, 야광, 핸드폰, 매너모드, 안마기, 향수, 샴푸, 스프레이, 불쾌하다, 트림 |

| | |
|---|---|
| STEP 5 | 핸드폰 상자에 립스틱을 삽입한다.<br>상표 가치를 상승시킨다.<br>아침에 쉽게 찾을 수 있도록 냉장고에 부착한다.<br>자석으로 정리함을 만든다.<br>가방에 고리를 건다.<br>화장품 삽(shop)에서 샘플을 준다.<br>벨크로(Velcro)로 옷에 붙인다.<br>떨어질 때 바닥에 부딪히는 소리를 크게 해서 알린다.<br>가방 속에서 찾을 때 야광효과로 찾는다.<br>샘플 립스틱을 사용한다. |
| STEP 6 | 핸드폰 상자에 부착할 수 있는 디자인한다.<br>줄자형(tapeline Shape) 립스틱을 디자인한다.<br>떨어질 때 소리가 크게 날 수 있도록 디자인한다. |

→ 도출된 최종 콘셉트에 따라 아이디어 스케치를 진행한다.

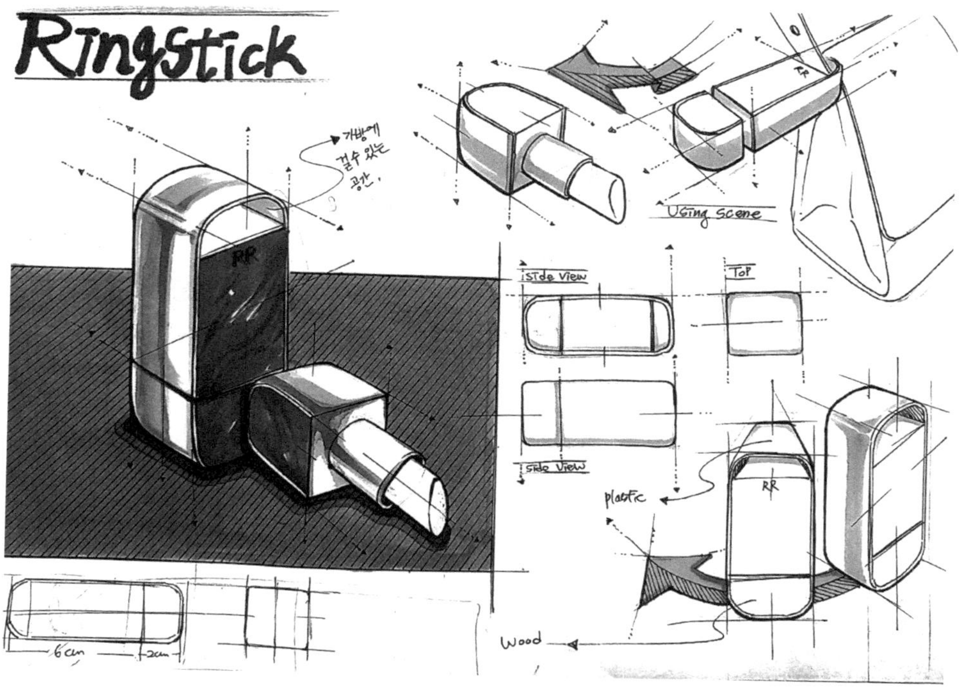

→ 전개된 아이디어 스케치 중에서 디자인 콘셉트나 방향에 맞는 안을 선정하여 렌더링 진행한다.

## ❹ 발상 사례 2

① **대상물 선정**

주제로 **'로봇청소기'**를 선정합니다.

② **키워드 설정 및 아날로지 활용**

여섯 가지 단계별로 연상하기 쉬운 키워드를 설정하고, 아날로지(유추)를 통해 디자인 요소, 구조, 작용 등을 탐색합니다.

③ **문제 해결 아이디어 발상**

찾아낸 요소들 중 중요한 문제를 해결할 수 있는 아이디어를 도출합니다.

④ **아이디어 스케치 진행**

도출한 아이디어를 바탕으로 구체적인 디자인 스케치를 진행합니다.

⑤ **최종 아이디어 구성**

선택된 아이디어 스케치를 기반으로 3D 렌더링(Rendering)을 진행하여 최종 디자인을 완성합니다.

→ NM법을 이용한 로봇청소기 아이데이션(Ideation)

| | |
|---|---|
| STEP 1 | 주제를 '로봇 청소기'로 설정한다. |
| STEP 2 | '작다', '편리하다', '귀엽다', '깨끗하다'를 키워드로 결정한다. |
| STEP 3 | '작다', '귀엽다' – 곤충, 강아지, 조약돌, 햄스터<br>'편리하다', '깨끗하다' – 자동청소, 인공지능, 거실, 침실, 공부방, 주방 |
| STEP 4 | 곤충, 강아지, 조약돌, 햄스터 – 개미, 달팽이, 무당벌레<br>자동청소, 인공지능, 거실, 침실, 공부방, 주방 – 바닥, 벽, 리모컨, 책상, 침대 |
| STEP 5 | 1. 여러 개로 분리가 되어 방구석까지 청소한다.<br>2. 바닥에 물걸레를 붙인다.<br>3. 공간을 차지하지 않도록 벽에 부착할 수 있다.<br>4. 음성으로 조정한다.<br>5. 공간이 청결 상태를 점검한다.<br>6. 바닥뿐만 아니라 높은 곳도 청소한다.<br>7. 센서를 통해 더러운 곳을 자동으로 청소한다. |
| STEP 6 | 책상에서 자유롭게 이동하며 청소하는 귀여운 책상용 로봇청소기를 디자인 한다. |

→ 도출된 최종 콘셉트에 따라 아이디어 스케치를 진행한다.

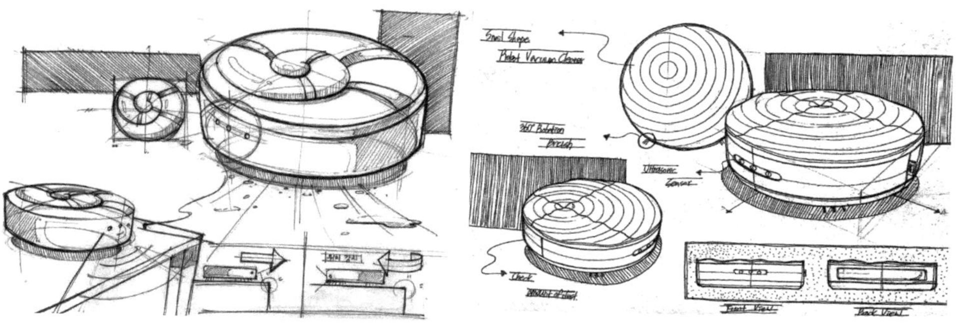

→ 전개된 아이디어 스케치 중에서 디자인 콘셉트나 방향에 맞는 안을 선정하여 렌더링 진행한다.

전개된 아이디어 스케치에서 디자인 콘셉트나 방향에 적합한 안을 선정한 후 렌더링 과정을 진행하는 것은 디자인 프로젝트의 중요한 단계입니다. 이 단계는 초기 아이디어를 시각적으로 구체화하고, 실현 가능성을 평가하며, 최종 디자인의 방향을 확정하는 데 도움을 줍니다.

렌더링 과정에서는 다음과 같은 요소를 고려하면 좋습니다.

- **주요 콘셉트 강조**: 선정된 디자인 안에서 핵심적인 콘셉트를 분명하게 표현합니다.
- **재료와 질감 표현**: 렌더링을 통해 실제로 사용할 재료와 질감을 생동감 있게 구현합니다.
- **조명과 색상 활용**: 조명과 색상 조합을 적절히 사용해 디자인의 분위기와 느낌을 강조합니다.
- **사용자 시각 반영**: 소비자나 클라이언트의 관점을 고려하여 직관적으로 이해하기 쉬운 렌더링을 만듭니다.

# Self Test 2

완료평가

## Self Test

**다음 발상법 중 하나를 택해 아이디어를 진행해 봅시다.**

| | | | | |
|---|---|---|---|---|
| ▫ 브레인스토밍 | ▫ 브레인라이팅 | ▫ KJ법 | ▫ 마인드맵 | ▫ 시네틱스 |
| ▫ 체크리스트 | ▫ 강제결합 | ▫ 희망열거 | ▫ 결점열거 | ▫ 스캠퍼 |
| ▫ 생각하는 여섯 가지 색깔모자 | ▫ 스토리보드 | ▫ 디자인시나리오 | | |

❶ 아이데이션(Ideation)

## Self Test

❷ 아이디어 스케치

## Self Test

❸ 최종결과물

최종 배워본 21가지 발상법 중 하나를 택해 아이디어 발상을 진행해보고, 다섯 가지 창의성 핵심 요소를 7점 척도 기준으로 개인 평가와 그룹 평가를 진행합니다.

**평가 1**

### 아이디어 창의성 개인 평가

다섯 가지 창의성 핵심 요소에 평가 점수를 점( • )으로 표시하고 각 점을 선으로 이어, 창의적인 아이디어 발상이 진행되었는지 자체 평가합니다.

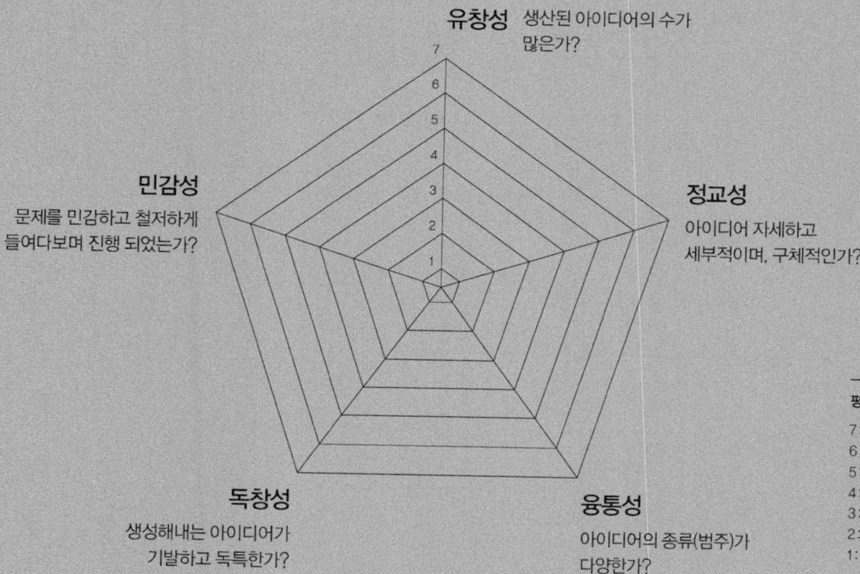


**평가점수**

7 : 매우 그렇다
6 : 그렇다
5 : 조금 그렇다
4 : 보통이다
3 : 조금 그렇지 않다.
2 : 그렇지 않다
1 : 매우 그렇지 않다.

## 평가 2

**아이디어 창의성 그룹 평가**

위와 같은 평가표를 여러 장 작성하거나 출력하여 그룹 단위로 아이디어를 평가하고, 각 항목별로 평가 점수의 평균을 내어 개인 평가와 마찬가지로 그룹 평가표를 작성합니다.

셀프테스트 후에 그룹 평가를 진행함으로써 창의적인 아이디어 발상의 객관적 평가가 가능하고, 평가를 토대로 진행된 아이디어를 발전시킬 수 있습니다.

| 평가 항목 | 평가 내용 | 평가 점수 |
|---|---|---|
| 1. 독창성 | 생성해내는 아이디어가 남들이 흔히 만드는 것이 아닌 기발하고 독특한가? | 1 매우 그렇지않다 / 2 그렇지 않다 / 3 조금 그렇지않다 / 4 보통이다 / 5 조금 그렇다 / 6 그렇다 / 7 매우 그렇다 |
| 2. 민감성 | 문제를 민감하고 철저하게 들여다보여 진행되었는가? | 1 매우 그렇지않다 / 2 그렇지 않다 / 3 조금 그렇지않다 / 4 보통이다 / 5 조금 그렇다 / 6 그렇다 / 7 매우 그렇다 |
| 3. 유창성 | 생산된 아이디어의 수가 많은가? | 1 매우 그렇지않다 / 2 그렇지 않다 / 3 조금 그렇지않다 / 4 보통이다 / 5 조금 그렇다 / 6 그렇다 / 7 매우 그렇다 |
| 4. 정교성 | 아이디어가 자세하고 세부적이며, 구체적인가? | 1 매우 그렇지않다 / 2 그렇지 않다 / 3 조금 그렇지않다 / 4 보통이다 / 5 조금 그렇다 / 6 그렇다 / 7 매우 그렇다 |
| 5. 융통성 | 아이디어의 종류가 다양한가? | 1 매우 그렇지않다 / 2 그렇지 않다 / 3 조금 그렇지않다 / 4 보통이다 / 5 조금 그렇다 / 6 그렇다 / 7 매우 그렇다 |

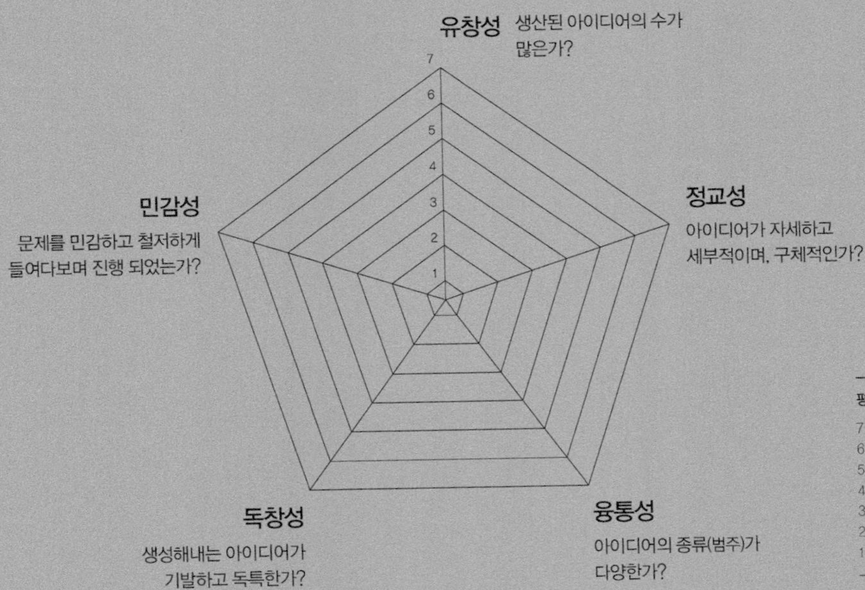


**평가점수**

7 : 매우 그렇다
6 : 그렇다
5 : 조금 그렇다
4 : 보통이다
3 : 조금 그렇지 않다
2 : 그렇지 않다
1 : 매우 그렇지 않다

지금까지 21가지 아이디어 발상법을 활용하는 방법과 사례를 통해 아이디어 창출 과정을 이해하는 데 도움을 드리고자 했습니다. 본 책에서 제시된 방법 외에도 다양한 아이디어 발상법이 존재하며, 이 책에서는 주로 널리 사용되는 방법들을 중심으로 사례와 함께 설명하여 독자 여러분께 실질적인 이해를 돕고자 노력했습니다.

이 책이 창의적 아이디어가 필요한 분야의 학생, 직장인, 그리고 일반 생활인들에게 실질적인 도움이 되길 바랍니다. 또한, 내용을 정리하고 수정 및 보완하는 과정에서 도움을 주신 모든 분께 진심으로 감사드립니다. 특히, 귀중한 시간을 할애하며 작업을 함께해 준 학생들에게 깊은 감사의 마음을 전합니다.

끝으로, 항상 힘과 용기를 주신 가족들, 그리고 부족한 점이 있음에도 지속적으로 격려와 영감을 주신 하나님께 감사드립니다.

## | 참고문헌 |


1. 김원경(1997), 디자인 조형교육에 있어서 창의적 사고와 독창적 표현능력에 관한 연구, 인문과학예술문화연구, 제16집, 357-376
2. 김장호, 디자인 조형에서의 형태와 기능에 관한연구, 디자인학연구, Vol.14, 247-253
3. 문정하, 하종덕(2005), 또 하나의 교육 창의성, 학지사, 161-175, 서울
4. 공병호, 공병호의 독서노트, 21세기북스, 서울
5. 김영채, 창의적 문제해결, 교육과학사, 서울
6. 나가타 도요시저 김용환 역 55가지 프레임워크로 배우는 아이디어 창조기술 스펙트럼북스 P27,28
7. 다카하시 마코토아(2008), 이이디어 발상 잘하는 법(출근길 30분 시리즈 비즈니스실무 10), 더난출판사, 서울
8. 로저 본 외흐 지음, 정주연 옮김, Creative Thinking,에코리브르, 서울
9. 마이클 미칼커 저 박종안 옮김, 창의적 자유인, 프른솔,
10. 문정화,하종덕, 또하나의 교육 창의성. 학지사, 서울
11. 박지원, 윤석호, 추봉조, 한만덕, 홍기헌, 창조적 아이디어 발상 및 전개, 학문사, 서울
12. 신현암 외(1999), 기업회생의 원천, 유레카 상품, 제189호, 삼성경제연구소 CEO Information, 서울
13. 이경식 옮김(2014), 바로잉, 흐름출판, 서울
14. 임선하,창의성에의 초대, 교보문고, 서울
15. 조연순, 성진숙, 이혜주, 창의성교육, 이화여자대학교출판부, 서울
16. 주상윤, 창의적 발상의 원리와,울산대학교출판부, 울산
17. 하주현, 눈이 번쩍띄는 창의력, Σ시그마프레스, 서울
18. 찰스 L.오엔(2005), 디자인 사고방식.그정의, 차이점 및 새로운 가치를 갖는 분야, 2005 한국디자인학회 국제 디자인 교육.연구 학술회의 강연집, 9-10
19. 채수명(2002), 디자인센스, 도서출판국제, 18, 서울

20. 한국인재경영연구회, 창조력107의 법칙, 경영자료사, 서울

21. 홍정표(2013), 창의적 발상을 위한 아이디어발전소, 전북대학교 출판문화원, 전주

22. 高橋 誠 지음, 손혜민 옮김, 창조력 사전, (주)MBC애드컴, 도서출판 삶과 꿈,

23. 정용석(2004), 당신은 창의적인가?, 한국경제 직장 人 정용석 칼럼,

24. 홍정표(2016), 창의적 사고를 위한 아이디어 발상사례, 한국디자인학회, 2016 한국디자인학회가을학술대회

25. 홍정표(2015), Creativity & Business Creative Design,한국디자인학회, International Design Conference 2015

26. 홍정표(2014), 창조성과 디자인, 한국인더스트리얼디자인학회, 2014 KSID 봄학술대회

27. 홍정표(2014), Creative thinking & Design, Human ICT, 1st International Symposium on Human ICT Convergence

28. 홍정표(2014), 창의적 사고와 디자인,한국디자인학회, 2014 한국디자인학회가을학술대회

29. 정수경(2006), 창조적 디자인 발상을 위한 디자인방법론, 한국감성과학회 2006추계학술대회

30. 홍정표(2006), 창조성과 디자인을 통한 디자이너의 가치 향상, 한국디자인학회 2006 추계학술대회

31. 홍정표(2006), 창조성과 디자인을 통한 디자이너의 가치 향상, 한국디자인학회 2006 추계학술대회

32. Klaus K. Urban(1995), 한국교육개발원 영재교육 특임본부 번역, 창조성-요소적 접근모델, 세계영재학술대회, 5-27

33. Steven J. Fenves(1984), A Methodology for the Evaluation of Designers for Conformance with Standards, Vol. 4 of Design Policy(London: The Design Council), 41-48, London.

34. www.complexity.or.kr

35. http://blog.naver.com/yzgriffin?Redirect=Log&logNo=60103460424

36. https://www.google.com/search?num=10&hl=en&site=imghp&tbm=isch&source= hp&biw=1157&bih=529&q=creativity

37. http://www.huffingtonpost.kr/2014/03/25/

38. http://100.daum.net/encyclopedia

39. http://news.chosun.com/site/data/html_dir/2018/05/20/2018052002968.html

40. https://kazbrella.com/pages/the-kazbrella

41. http://www.ww.marketingcode.co.kr/bbs/board.php?bo_table=share71&wr_id=61&page=6

지혜가 제일이니 지혜를 얻으라 네가 얻은 모든 것을 가지고 명철을 얻을지니라(잠4:7)

## 창의적 발상을 위한 아이디어 발전소(개정판)

**지은이** 홍정표
**펴낸이** 양오봉
**펴낸곳** 전북대학교출판문화원

**초판 1쇄 발행** 2013. 3. 15
**개정판 1쇄 발행** 2025. 8. 20

**전북대학교출판문화원** 전북특별자치도 전주시 완산구 어진길 32(풍남동2가)
**전화** (063) 219-5319~5322
**FAX** (063) 219-5323
**출판등록** 2012년 8월 20일 제465-2012-000021호



값 22,000원

ISBN 979-11-6372-256-4 93600